S'orienter dans le labyrinthe

Un guide sur la gestion des données
à l'intention des cadres

par Laura Sebastian-Coleman

pour DAMA International

Technics Publications

Publié par:

TECHNICS PUBLICATIONS
TECHNOLOGY / LEADERSHIP

2 Lindsley Road
Basking Ridge, NJ 07920 USA

https://www.TechnicsPub.com

Éditeure : Lauren McCafferty
Conception de la couverture : Lorena Molinari
Traducteur : Michel Hébert M.G.L., CDMP

Tous droits réservés. Aucune partie de ce livre ne peut être reproduite ou transmise sous quelque forme ou par quelque moyen que ce soit, électronique ou mécanique, y compris par photocopie, enregistrement ou par tout système de stockage et de récupération de l'information, sans l'autorisation écrite de l'éditeur, à l'exception de l'inclusion de brèves citations dans une revue.

L'auteur et l'éditeur ont apporté le plus grand soin à la préparation de ce livre, mais ne donnent aucune garantie expresse ou implicite d'aucune sorte et n'assument aucune responsabilité en cas d'erreur ou d'omission. Aucune responsabilité n'est assumée pour les dommages accidentels ou consécutifs liés à l'utilisation des informations ou des programmes contenus dans ce livre.

Première édition 2018

© 2018 par Laura Sebastian-Coleman, Ph.D.

ISBN, éd. imprimée   9781634629782
ISBN, éd. Kindle   9781634629799
ISBN, éd. ePub   9781634629805
ISBN, éd. PDF   9781634629812

Library of Congress Control Number: 2021947526

Table des matières

Préface de l'édition française _____ 1
Préface _____ 3
Introduction _____ 5
Chapitre 1 : L'importance de la gestion des données _____ 11
Chapitre 2 : Les défis de la gestion des données _____ 21
Chapitre 3 : Principes de gestion des données selon DAMA _____ 37
Chapitre 4 : Éthique des données _____ 47
Chapitre 5 : Gouvernance des données _____ 61
Chapitre 6 : Planification et conception dans le cycle de vie des données _____ 81
Chapitre 7 : Activation et maintenance des données _____ 105
Chapitre 8 : Utilisation et enrichissement des données _____ 129
Chapitre 9 : Protection des données, confidentialité, sécurité et gestion des risques _____ 143
Chapitre 10 : Gestion des Métadonnées _____ 157
Chapitre 11 : Gestion de la qualité des données _____ 173
Chapitre 12 : Que faire maintenant _____ 193
Remerciements _____ 207
Références _____ 209
Index _____ 229

To meditate is to sail a course, to navigate, among problems many of which we are in the process of clearing up. After each one looms another, whose shores are even more attractive, more suggestive. Certainly, it requires strength and perseverance to get to windward of problems, but there is no greater delight than to reach new shores, and even to sail, as Camoëns says, "through seas that keel has never cut before."

— José Ortega y Gasset, Man and People

Méditer, c'est naviguer, c'est s'orienter parmi des problèmes dont beaucoup sont en train d'être éclaircis. Après chacun d'eux s'en profile un autre, dont les rivages sont encore plus attrayants, plus suggestifs. Certes, il faut de la force et de la persévérance pour s'éloigner des problèmes, mais il n'y a pas de plus grand plaisir que d'atteindre de nouveaux rivages, et même de naviguer, comme le dit Camoëns, « dans des mers que la quille n'a jamais coupées ».

(traduction libre)

Préface de l'édition française

Les données prennent de plus en plus de place dans toutes nos entreprises. Les fuites de données se multiplient et les gouvernements réglementent davantage la protection des renseignements personnels – et c'est une bonne chose. La gestion et la gouvernance de données sont devenues des sujets d'actualité, mais plusieurs demandent de l'aide pour comprendre de quoi il s'agit vraiment.

Il existe plusieurs livres anglais de référence sur la gestion et la gouvernance de données, mais très peu en français. *Navigating the Labyrinth*, un excellent résumé du recueil des connaissances en gestion de données publié par DAMA (DMBOK) était donc un candidat de choix pour une édition française.

Cet ouvrage vise d'abord les dirigeants d'entreprise et les professionnels en gestion des données. Il est aussi approprié pour les étudiantes et étudiants des écoles de gestion comme livre d'introduction à la gestion et la gouvernance des données. Bien que destinée à toute la francophonie, cette version a été préparée selon le vocabulaire recommandé par l'Office québécois de la langue française, en particulier selon les suggestions du grand dictionnaire terminologique (GDT)[1]. Dans la mesure du possible, les expressions anglaises courantes ont été ajoutées en note de bas de page.

J'aimerais remercier mes collègues de DAMA Montréal qui m'ont encouragé à entreprendre ce projet et qui ont contribué lors de la relecture de la version finale.

                Michel Hébert M.G.L. CDMP (master), DAMA Montréal

---

[1] Voir http://gdt.oqlf.gouv.qc.ca/

Préface

Les professionnels de la gestion des données s'efforcent depuis longtemps d'équilibrer leur travail d'expliquer pourquoi les données sont si importantes, de contribuer au changement de culture nécessaire pour mettre les données au premier plan, et enfin de solliciter l'engagement des dirigeants en faveur de l'amélioration. Cet exercice d'équilibre est encore plus important aujourd'hui, alors que le volume, la variété et la vitesse des données augmentent de façon exponentielle.

En tant que bons gestionnaires de données, nous nous en remettons aux livres pour nous aider. Plus précisément, nous nous tournons vers le DAMA-DMBOK2. Ce tome de 600 pages est une lecture gigantesque qui plonge souvent dans des concepts de gestion de données importants. Excellent pour construire votre cadre de gestion des données, mais plutôt irréaliste lorsque vous essayez de faire passer le message au patron.

Nous avons besoin de quelque chose entre le fameux discours d'ascenseur et le DAMA-DMBOK2. Quelque chose qui aide les dirigeants, simplement et de manière pragmatique, à comprendre l'importance d'une gestion efficace des données – non seulement pour la réussite de leur organisation, mais aussi pour leur réussite personnelle. Quelque chose qui ne pèse pas plus qu'un petit enfant, qui est assez petit pour être transporté dans une sacoche d'ordinateur portable et qui fournit le condensé de la gestion des données.

Et c'est ce que Laura a si bien réussi à créer dans *Navigating the Labyrinth*. Il s'agit d'une édition de poche du DAMA-DMBOK2, dont chaque professionnel de la gestion des données devrait se procurer deux exemplaires – un pour lui-même et un pour son responsable (ou, mieux encore, pour le cadre le plus apte de percevoir les données comme une opportunité). Ce livre deviendra leur référence incontournable et leur bouée de sauvetage. Il sera usé par le temps, des notes apparaîtront dans les marges, et leurs pairs le regarderont tous avec envie et souhaiteront avoir leur propre exemplaire.

DAMA International est incroyablement fier du DAMA-DMBOK2. De nombreuses années de travail avec la collaboration de plus d'une centaine de personnes qui ont fourni d'énormes efforts pour créer ce que nous pensons être « le » cadre de la gestion des données. Aujourd'hui, *Navigating the Labyrinth* est sur le point de briser cette barrière exécutive et de donner à la gestion des données la place qui lui revient – au même titre que tous les autres impératifs commerciaux.

À titre personnel, je suis fier du DAMA-DMBOK2, mais je suis encore plus fier de cet ajout léger mais incroyablement précieux au giron de la DAMA. Je crois que pour chaque personne qui achète et lit le DMBOK2, il est très probable que trois à quatre personnes ou plus achèteront et liront *Navigating the Labyrinth*. Merci, Laura.

Sue Geuens
Présidente, DAMA International

Introduction

Vous l'avez ressenti, vous l'avez lu, vous l'avez vu. Des données fiables et bien gérées sont essentielles au succès des organisations au XXIe siècle. Quel que soit le secteur dans lequel vous travaillez – services financiers, soins de santé, assurance, fabrication, technologie, commerce de détail, éducation et autres – votre organisation a besoin de données pour faire des affaires et servir ses clients. Ces données alimentent non seulement vos processus commerciaux, mais elles fournissent également les renseignements nécessaires pour mesurer le succès de votre organisation. Plus important encore, les données produites par votre organisation peuvent être exploitées pour obtenir des informations sur les opérations en cours – des informations que vous pouvez appliquer pour améliorer vos processus et faire progresser la stratégie de votre organisation.

Mais des données fiables ne sont pas produites par hasard. Dans le monde complexe d'aujourd'hui, des données bien gérées dépendent de la planification et de la conception, de la gouvernance des processus commerciaux et techniques, et de l'engagement de votre organisation à obtenir des résultats de haute qualité. Cela signifie également qu'il faut s'assurer que les informations sur les clients, les produits et les opérations commerciales sont conservées de manière sûre et sécurisée, afin qu'elles ne puissent pas être utilisées à des fins criminelles ou malveillantes.

La fiabilité des données dépend de l'exécution réussie des fonctions et activités qui composent le domaine de la gestion des données. Celles-ci sont décrites en détail dans le *Data Management Body of Knowledge* de DAMA International (connu sous le nom de DMBOK2). Comprendre l'ampleur et la profondeur des fonctions qui composent la gestion des données peut être décourageant. À première vue, elles peuvent sembler assez compliquées (voir la figure 1).

S'orienter dans le labyrinthe : un guide sur la gestion des données à l'intention des cadres vous offre une perspective qui réduit cette complexité. Basé sur le DMBOK2, il fournit une vue d'ensemble à haut niveau de la manière dont les données doivent être gérées pour soutenir le succès de l'organisation. Il explique également ce qui peut faire obstacle à cette réussite. Comprendre les principes et les meilleures pratiques de la gestion des données vous aidera à identifier et à agir sur les opportunités de votre organisation à optimiser la valeur de vos données.

Figure 1: Les fonctions de la gestion des données (DMBOK2, p. 44)

Les quatre premiers chapitres donnent un aperçu de la gestion des données :

- **Chapitre 1 : L'importance de la gestion des données** : explique ce qu'est la gestion des données et comment gérer les données comme un actif peut aider votre organisation.

- **Chapitre 2 : Les défis de la gestion des données** : explique pourquoi la gestion des données diffère de la gestion d'autres actifs et ressources.

- **Chapitre 3 : Principes de gestion des données selon DAMA** : explique les principes d'une gestion efficace des données qui vous aideront à surmonter les défis posés par les données ; introduit le concept d'évolution des pratiques de gestion des données de votre organisation en fonction d'un modèle de maturité.

- **Chapitre 4 : Éthique des données** : Décrit les principes qui sont sous-jacents à une approche éthique de la gestion des données; explique comment cette approche de la gestion des données peut contribuer à empêcher que les données de votre organisation ne soient utilisées de manière à nuire à vos clients, à votre réputation ou à la communauté au sens large.

Les quatre chapitres suivants passent en revue les mécanismes de gestion du cycle de vie des données :

- **Chapitre 5 : Gouvernance des données** : explique le rôle de la gouvernance des données dans la supervision de la gestion des données; souligne les façons dont une organisation peut mettre en œuvre des pratiques de gouvernance pour prendre de meilleures décisions opérationnelles et stratégiques concernant les données.

- **Chapitre 6 : Planification et conception dans le cycle de vie des données** : décrit le rôle de l'architecture et de la modélisation des données dans la gestion des données; et l'importance de la planification et de la conception dans la gestion du cycle de vie global des données.

- **Chapitre 7 : Activation et maintenance des données** : fournit une vue d'ensemble des activités liées à l'obtention, l'intégration et le stockage des données et à leur actualisation et leur accès dans le temps. Ces activités comprennent l'application de concepts de conception pour créer des entrepôts, des comptoirs et d'autres environnements de stockage de données fiables, performants et sécurisés, où différents types de données peuvent être intégrés et mis à disposition pour un large éventail d'utilisations.

- **Chapitre 8 : Utilisation et enrichissement des données** : décrit les façons dont les données peuvent être utilisées pour créer de nouvelles données afin d'apporter de la valeur à une organisation. L'enrichissement des données ajoute à la fois de la valeur et de la complexité au cycle de vie des données. Elle exige des organisations qu'elles planifient et cultivent la croissance organique des données.

Les trois chapitres suivants couvrent les activités fondamentales requises pour aider à instaurer la confiance dans les données et s'assurer que l'organisation peut en tirer de la valeur au fil du temps :

- **Chapitre 9 : Protection des données, confidentialité, sécurité et gestion des risques** : décrit comment gérer les risques liés aux données, en particulier ceux liés aux violations potentielles ou aux utilisations malveillantes des données.

- **Chapitre 10 : Gestion des métadonnées** : fournit un aperçu sur la manière de gérer les métadonnées, ce sous-ensemble critique de données qui contient les connaissances requises pour utiliser et maintenir le reste de vos données.

- **Chapitre 11 : Gestion de la qualité des données** : présente les techniques permettant de s'assurer que les données de votre organisation sont adaptées aux utilisations prévues et permettent à votre organisation d'atteindre ses objectifs stratégiques. Ces techniques appliquent les principes de la gestion des produits aux données, et sont alignées sur les principes de la gestion des données décrits au chapitre 3.

Chaque chapitre se termine par des affirmations sur ce que vous devez retenir sur ces sujets. Le **chapitre 12 Que faire maintenant** conclut le livre avec une approche visant à réorienter les pratiques de gestion des données de votre organisation à partir d'une évaluation de l'état actuel suivie d'une feuille de route définie et d'un engagement envers la gestion du changement organisationnel.

DAMA reconnaît que pour la plupart des cadres, la gestion des données peut sembler obscure, compliquée et très technique. Vous n'avez pas le temps d'apprendre tous les détails ou de faire abstraction du battage médiatique. Mais si votre organisation dépend des données – et c'est le cas de la plupart des organisations – alors vous avez un rôle essentiel à jouer pour favoriser la réussite. Une gestion fiable des données nécessite un engagement organisationnel, et l'engagement organisationnel vient du leadership. DAMA espère qu'en vous orientant dans le labyrinthe de la gestion des données, vous pourrez développer des opportunités afin que votre organisation tire davantage de valeur de ses données. Ce livre vous expliquera les principes fondamentaux et vous aidera à comprendre pourquoi ils sont importants, afin que vous puissiez concentrer votre attention sur la manière d'instaurer la confiance dans les données de votre organisation grâce à des pratiques efficaces et efficientes.

CHAPITRE 1

L'importance de la gestion des données

Bien avant l'essor des technologies de l'information, l'information et la connaissance ont été les clés de l'avantage concurrentiel. Les organisations qui disposent d'informations fiables et de qualité sur leurs clients, leurs produits, leurs services et leurs opérations peuvent prendre de meilleures décisions que celles qui n'ont pas de données (ou dont les données ne sont pas fiables). Mais produire des données de haute qualité et les gérer de manière à pouvoir les utiliser efficacement n'est pas un processus simple.

Ce chapitre passe en revue les concepts suivants, qui sont importants pour toute organisation qui souhaite améliorer ses capacités de gestion des données :

- L'omniprésence des données – le fait que presque tous les processus organisationnels créent ou consomment des données, ou les deux;

- La valeur des données en tant qu'actif;

- Pourquoi il est important de comprendre la gestion des données séparément de la gestion de la technologie ;
- L'éventail des activités et des fonctions liées à la gestion des données.

LES DONNÉES SONT PARTOUT

Les organisations ont toujours eu besoin de gérer leurs données, mais les progrès technologiques ont élargi la portée de ce besoin de gestion. Les données sont omniprésentes dans les organisations. Presque tous les processus métiers – de la création d'une clientèle à la réalisation d'achats, en passant par le contact avec les clients pour obtenir des commentaires et des services – utilisent des données en entrée et produisent des données en sortie. La plupart de ces données sont sous forme électronique, ce qui signifie qu'elles sont malléables : elles peuvent être stockées en grandes quantités, manipulées, intégrées et agrégées pour différentes utilisations, y compris l'informatique décisionnelle[2] et l'analyse prédictive. Elles fournissent également des preuves de la conformité (ou de l'absence de conformité) d'une organisation aux lois et réglementations.

Les changements technologiques ont permis aux organisations d'utiliser les données de nouvelles façons pour créer des produits, partager des informations, créer des connaissances et améliorer le succès organisationnel. Mais la croissance rapide de la technologie et, avec elle, la capacité des personnes à produire, capturer et exploiter les données pour en tirer un enseignement ont intensifié le besoin de gérer les données efficacement.

LES DONNÉES EN TANT QU'ACTIF

Un *actif* est une ressource économique, qui peut être possédée ou contrôlée, et qui détient ou produit de la valeur. Les actifs sont souvent considérés comme des biens, mais avec la forte implication

---

[2] NDT : *Business Intelligence* en anglais

qu'ils peuvent être convertis en argent. Les données sont largement reconnues comme un actif d'entreprise, bien que de nombreuses organisations aient encore du mal à gérer les données comme un actif. Par exemple, les données ne sont pas encore comptabilisées dans les bilans de la plupart des organisations.

Si on leur posait la question, de nombreux cadres supérieurs diraient que les données de leur organisation sont un actif précieux. Elles sont non seulement nécessaires aux opérations commerciales, mais elles peuvent également fournir des informations sur les clients, les produits et les services. Néanmoins, les recherches montrent que très peu d'organisations traitent leurs données comme un actif.[3] Pour beaucoup, elles peuvent même constituer un passif. L'incapacité à gérer les données est similaire à l'incapacité à gérer le capital. Il en résulte un gaspillage et une perte d'opportunités. Des données mal gérées présentent des risques éthiques et de sécurité.

Même les cadres qui reconnaissent les données comme un actif peuvent ne pas être en mesure de décrire exactement ce que cela signifie, car les données diffèrent des autres actifs de manière importante. Néanmoins, le motif principal de la gestion des données est de permettre aux organisations de valoriser leurs données, tout comme une gestion efficace des actifs financiers et physiques permet aux organisations de valoriser ces actifs. La valorisation des données ne se fait pas dans le vide ou par accident. Elle nécessite un engagement et un leadership organisationnels, ainsi qu'une gestion.

GESTION DES DONNÉES VS GESTION DE LA TECHNOLOGIE

La *gestion des données* est le développement, l'exécution et la supervision des plans, politiques, programmes et pratiques qui fournissent, contrôlent, protègent et valorisent les données et les actifs informationnels, tout au long de leur cycle de vie.

---

[3] Evans & Price, 2012; Laney 2018.

Vous pensez peut-être : « N'est-ce pas ce que fait déjà notre service informatique? » Malheureusement, non. En général, l'informatique ne se concentre pas sur les données. L'informatique se concentre sur la technologie, les processus technologiques, les personnes qui créent les applications et les outils qu'elles utilisent pour le faire. Historiquement, l'informatique ne s'est pas concentrée sur les données qui sont créées par ou stockées dans les applications qu'elle construit. En fait, l'informatique a eu tendance à dédaigner les données elles-mêmes (parce que l'informatique prétend ne pas avoir de contrôle sur les données) – malgré le fait que de nombreuses fonctions de gestion des données font partie de l'informatique.

Bien que la gestion des données soit fortement dépendante de la technologie et qu'elle chevauche la gestion de la technologie, elle implique des activités distinctes qui sont indépendantes des outils et processus spécifiques.

Compte tenu de cette définition, qu'implique réellement la gestion des données? Que signifie gérer efficacement des données? Comme toutes les formes de gestion, la gestion des données implique la planification et la coordination des ressources et des activités afin d'atteindre les objectifs organisationnels. Les activités elles-mêmes vont du très technique, comme s'assurer que les grandes bases de données sont accessibles, performantes et sécurisées, au très stratégique, comme déterminer comment étendre la part de marché par des utilisations innovantes des données. Ces activités de gestion doivent s'efforcer de mettre à la disposition de l'organisation des données fiables et de haute qualité, tout en veillant à ce que ces données soient accessibles aux utilisateurs autorisés et protégées contre toute utilisation abusive.

ACTIVITÉS DE LA GESTION DES DONNÉES

Les activités de gestion des données peuvent être regroupées : certaines se concentrent sur la gouvernance afin de garantir que l'organisation prend des décisions judicieuses et cohérentes concernant les données; d'autres sont fondamentales et visent à permettre la gestion, la maintenance et l'utilisation des données dans le temps; et d'autres encore se concentrent sur la gestion du cycle de vie des données, de l'obtention des données à leur élimination (voir la figure 2).

- **Les activités de gouvernance** aident à contrôler le développement des données et à réduire les risques liés à leur utilisation, tout en permettant à une organisation d'exploiter les données de manière stratégique. Ces activités établissent un système d'autorités et de responsabilités pour les données, afin qu'une organisation puisse prendre des décisions cohérentes dans tous les secteurs d'activité.[4] Les activités de gouvernance comprennent :
    - Définir la stratégie en matière de données;
    - Définir les politiques concernant les données;
    - Gérer les données;
    - Définir la valeur des données pour l'organisation;
    - Préparer l'organisation à valoriser ses données en
        - Améliorant ses pratiques de gestion des données;
        - Faisant évoluer l'attitude de l'organisation autour des données par un changement de culture.

- **Les activités du cycle de vie** se concentrent sur la planification et la conception des données, permettre leur utilisation, s'assurer de leur maintenance efficace et leur utilisation effective. L'utilisation des données entraîne souvent des améliorations et des innovations, qui ont leurs propres exigences en matière de cycle de vie. Les activités du cycle de vie comprennent :
    - Architecture des données;
    - Modélisation des données;
    - Création et gestion d'entrepôts et de magasins de données;
    - Intégration des données à l'usage des analystes en informatique décisionnelle et des scientifiques des données;
    - Gestion du cycle de vie des données partagées et critiques, soit les données maîtres et de référence.

---

[4] The Data Governance Institute. https://bit.ly/1ef0tnb.

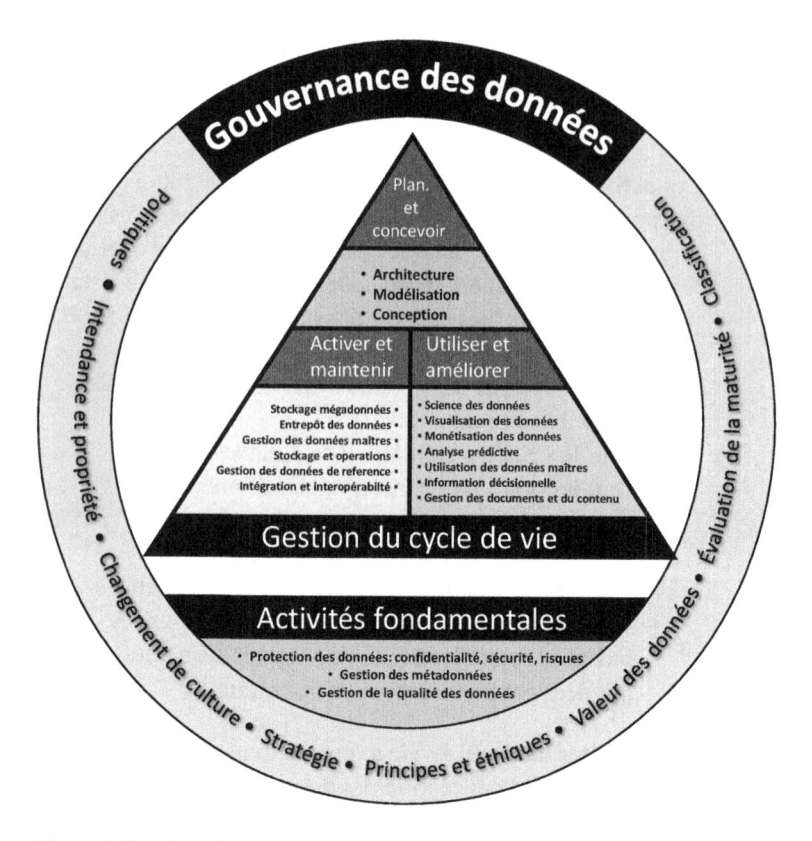

Figure 2: Les fonctions de la gestion des données (DMBOK2, p. 44)

- **Les activités fondamentales** sont nécessaires pour une gestion cohérente des données dans le temps. Intégrées à l'ensemble du cycle de vie des données, ces activités comprennent :
    o Assurer la protection des données;
    o Gérer les métadonnées, les connaissances requises pour comprendre et utiliser les données;
    o Gérer la qualité des données.

Les activités fondamentales doivent être prises en compte durant la planification et la conception, et elles doivent être exécutées de manière opérationnelle. Ces activités sont également soutenues par et font partie intégrante du succès des structures de gouvernance.

DOMAINES DE CONNAISSANCE DE LA GESTION DES DONNÉES

Les tâches de gestion des données sont effectuées par des personnes travaillant dans des fonctions de gestion des données ou des domaines de connaissances, qui requièrent des compétences et expertise différentes (voir la figure 3).

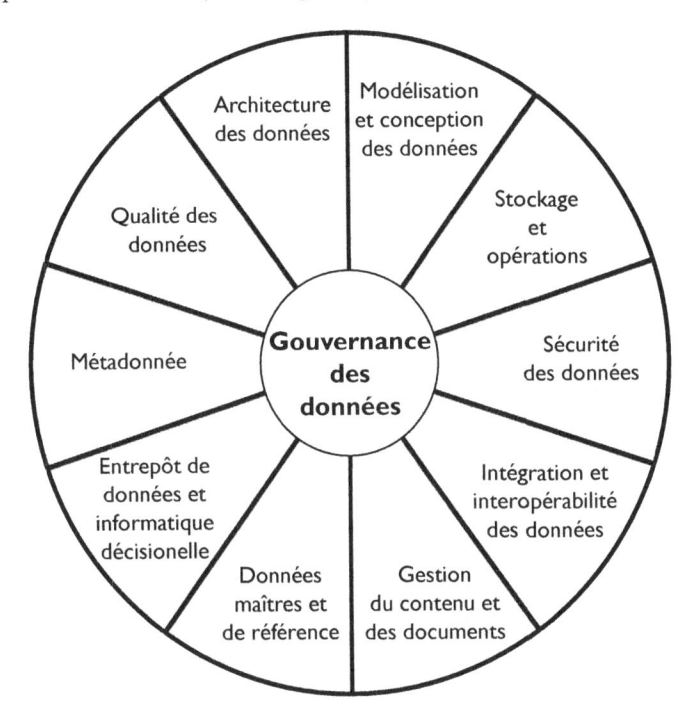

Figure 3 Le cadre de gestion des données du DAMA DMBOK2 (DMBOK2, p.36)

DAMA International a établi onze domaines de connaissances :

- **La gouvernance des données** permet d'orienter et de superviser les activités et les fonctions de gestion des données en établissant un système d'autorités, ou de droits décisionnels, et de responsabilités pour les données. Ces droits et responsabilités doivent tenir compte des besoins de l'entreprise dans son ensemble.

- **L'architecture des données** définit le plan directeur pour la gestion des actifs de données en s'alignant sur la stratégie organisationnelle et en concevant des solutions pour répondre aux exigences stratégiques en matière de données.

- **La modélisation et la conception des données** est le processus de découverte, d'analyse, de représentation et de communication des exigences en matière de données sous une forme précise appelée modèle de données.

- **Le stockage des données et les opérations** comprennent la conception, la mise en œuvre et le soutien des données stockées afin de maximiser leur valeur. Ces opérations fournissent un soutien tout au long du cycle de vie des données, de la planification à l'élimination des données.

- **La sécurité des données** garantit le respect de la vie privée et de la confidentialité des données, la prévention des fuites de données et l'accès approprié aux données.

- **L'intégration et l'interopérabilité des données** comprennent les processus liés au déplacement et à la consolidation des données dans et entre les dépôts de données, les applications et les organisations.

- **La gestion des documents et du contenu** comprend des activités de planification, de mise en œuvre et de contrôle pour gérer le cycle de vie des données et des informations trouvées dans une gamme de supports non structurés, en particulier les documents nécessaires pour soutenir les exigences légales et réglementaires.

- **La gestion des données maîtres et de référence** comprend la synchronisation et la maintenance continues des données essentielles et partagées pour permettre une utilisation cohérente dans tous les systèmes de la version la plus précise, opportune et pertinente des données décrivant les entités commerciales clés.

- **L'entreposage de données et l'informatique décisionnelle** comprennent les processus de planification, de mise en œuvre et de contrôle pour gérer les données d'aide à la décision et permettre aux travailleurs du savoir de tirer de la valeur des données par le biais de l'analyse et de la production de rapports.

- **La gestion des métadonnées** comprend des activités de planification, de mise en œuvre et de contrôle pour permettre l'accès à des métadonnées intégrées de haute qualité, y compris des définitions, des modèles, des flux de données et d'autres informations essentielles à la compréhension des données et des systèmes par lesquels elles sont créées, maintenues et accessibles.

- **La gestion de la qualité des données** comprend la planification et la mise en œuvre de techniques de gestion de la qualité pour mesurer, évaluer et améliorer l'aptitude des données à être utilisées au sein d'une organisation.

Ces domaines de connaissances représentent les activités au cœur de la gestion des données. Toute organisation qui tente de valoriser ses données doit s'y engager. Mais ils évoluent également. Les changements dans notre capacité à créer et à utiliser des données signifient que d'autres concepts pourraient également être considérés comme des « domaines de connaissances » de la gestion des données (tels que l'éthique des données, la science des données, les mégadonnées et les technologies émergentes).

Les professionnels de la gestion des données qui travaillent dans ces domaines de connaissances aident une organisation :

- Comprendre et soutenir les besoins en information de l'entreprise et de ses parties prenantes, notamment les clients, les employés et les partenaires commerciaux;

- Capturer, stocker et assurer l'intégrité et la qualité des données pour permettre leur utilisation par l'entreprise ;

- Assurer la sécurité, le respect de la vie privée et de la confidentialité des données en empêchant tout accès, manipulation ou utilisation inappropriés.

CE QUE VOUS DEVEZ RETENIR

- L'objectif de la gestion des données est de permettre à une organisation de dégager davantage de valeur de ses données.

- Dans un monde dépendant des données, des pratiques fiables de gestion des données deviennent de plus en plus critiques.

- La gestion des données comprend des activités de gouvernance, fondamentales et de cycle de vie.

- La gestion des données implique un éventail de compétences, de la stratégie à la technologie de pointe.

- Les pratiques de gestion des données évoluent en fonction des besoins des entreprises et des capacités technologiques.

CHAPITRE 2

Les défis de la gestion des données

Les données sont à la fois une nécessité opérationnelle et un actif. Une gestion efficace des données peut permettre à une organisation de dégager davantage de valeur de ses données. Pour gérer un actif, il faut s'efforcer d'en retirer de la valeur, de gérer son cycle de vie et de le gérer dans l'ensemble de l'entreprise. Mais les caractéristiques uniques des données donnent une dimension différente à ces fonctions. Ce chapitre couvre les concepts suivants liés à ces défis :

- Gérer les données comme un actif
    - Les données diffèrent des autres actifs;
    - Les données représentent un risque;
    - Des données de mauvaise qualité coûtent du temps et de l'argent;
    - La valorisation des données n'est pas normalisée.

- Gérer le cycle de vie des données
    - La gestion des données comprend la gestion de leur cycle de vie;

- Les différents types de données ont des exigences différentes en matière de cycle de vie ;
- Les métadonnées doivent être gérées dans le cadre du cycle de vie des données.

- Gestion des données à travers une entreprise
  - La gestion des données est souvent confondue avec la gestion des technologies de l'information ;
  - La gestion des données est transversale et requiert un éventail de compétences ;
  - La gestion des données nécessite une perspective d'entreprise et l'engagement des dirigeants.

LES DONNÉES DIFFÈRENT DES AUTRES ACTIFS

Les données ont des caractéristiques uniques qui les rendent différentes des autres actifs.[5] Les actifs physiques peuvent être montrés du doigt, touchés et déplacés. Les actifs financiers sont comptabilisés dans un bilan. Mais les données sont différentes. Les données ne sont pas tangibles. Pourtant, elles sont durables ; elles ne s'usent pas. Elles sont faciles à copier et à transporter. Mais il n'est pas facile de les reproduire si elles sont perdues ou détruites. Comme elles ne sont pas consommées lorsqu'elles sont utilisées, elles peuvent même être volées sans disparaître. Les données sont dynamiques et peuvent être utilisées à des fins multiples. Les mêmes données peuvent même être utilisées par plusieurs personnes en même temps – ce qui est impossible avec des actifs physiques ou financiers. De nombreuses utilisations des données engendrent d'autres données.

Ces différences rendent difficile le simple recensement des données, et encore plus l'attribution d'une valeur monétaire aux données. Sans cette valeur monétaire, il peut être difficile de mesurer la contribution des données au succès de l'organisation. Ces

---

[5] Cette section est inspirée de Redman, Thomas. *Data Quality for the Information Age* (1996) pp. 41-42, 232-36 ; et Data Driven (2008), chapitre un : The Wondrous and Perilous Properties of Data and Information.

différences soulèvent également d'autres questions qui affectent la gestion des données, telles que :

- Inventorier le volume des données de l'organisation;
- Définir la propriété et la responsabilité des données;
- Se protéger contre l'utilisation malveillante des données
- Gérer les risques associés aux données;
- Définir et appliquer des normes de qualité pour les données.

LES DONNÉES REPRÉSENTENT UN RISQUE

Les données ne représentent pas seulement une valeur et une opportunité, elles présentent également des risques. Des données inexactes, incomplètes ou périmées représentent évidemment un risque parce que leurs informations ne sont pas justes. Mais les données présentent d'autres risques, notamment :

- **Mauvaise utilisation :** Si les consommateurs de données ne disposent pas d'informations suffisantes et correctes (métadonnées) sur les données qu'ils utilisent, il y a un risque que les données soient mal utilisées ou mal comprises.

- **Manque de-fiabilité :** Si la qualité et la fiabilité des données n'ont pas été établies par des normes et des mesures, alors il y a un risque que des données non fiables soient utilisées pour prendre des décisions.

- **Utilisation inappropriée :** Si les données ne sont pas protégées et sécurisées, alors il y a un risque que les données soient utilisées par des personnes non autorisées à des fins non autorisées.

Le fait que les données puissent être facilement copiées et reproduites signifie qu'elles peuvent être volées sans être « perdues » pour leurs propriétaires légitimes. De plus, comme les données représentent des personnes, des produits et de l'argent, les législateurs ont reconnu les utilisations et abus potentiels des informations et ont mis en place des lois destinées à atténuer les risques évidents. Par exemple :

- Sarbanes-Oxley aux États-Unis se concentre sur les contrôles de l'exactitude et de la validité des données financières, de la transaction au bilan.

- Solvabilité II dans l'UE se concentre sur la traçabilité et la qualité des données qui sous-tendent les modèles de risque et la disponibilité des capitaux dans le secteur des assurances.

- Dans le monde entier, les réglementations sur la confidentialité des données décrivent les obligations relatives au traitement des données d'identification personnelle (par exemple, le nom, les adresses, l'affiliation religieuse ou l'orientation sexuelle) et à la protection de la vie privée (accès ou restriction à ces informations). En voici quelques exemples :
    - *Health Insurance Portability and Accountability Act* (HIPPA) aux États-Unis;
    - La loi sur la protection des renseignements personnels et les documents électroniques (LPRPDE ou PIPEDA) au Canada;
    - Le règlement général sur la protection des données (RGPD) dans l'UE.

Les consommateurs sont également plus conscients de la manière dont leurs données peuvent être utilisées. Par exemple, lorsqu'ils effectuent des achats sur un site Web, ils s'attendent non seulement à une expérience plus fluide et plus efficace, mais aussi à la protection de leurs informations et au respect de leur vie privée. Les organisations qui ne protègent pas les données de leurs clients risquent de ne pas conserver ces clients longtemps.

DES DONNÉES DE MAUVAISE QUALITÉ COÛTENT DU TEMPS ET DE L'ARGENT

S'assurer que les données sont de haute qualité est un élément central de la gestion des données. Si les données ne répondent pas aux exigences de leurs utilisateurs – si elles ne sont pas « adaptées aux besoins » – alors les efforts déployés pour les acquérir, les stocker, les sécuriser et en permettre l'accès sont vains. Pour garantir que les données répondent aux besoins de l'entreprise, les équipes de gestion des données doivent travailler avec les consommateurs de données pour définir les caractéristiques qui déterminent des données de haute qualité.

La plupart des utilisations des données impliquent de dégager des enseignements et de les appliquer afin de créer de la valeur. Par exemple, comprendre les habitudes des clients afin d'améliorer un produit ou un service; évaluer les performances organisationnelles ou les tendances du marché, afin de développer une meilleure stratégie commerciale, etc. Des données de mauvaise qualité auront un impact négatif sur ces décisions.

Plus important encore, des données de mauvaise qualité sont tout simplement coûteuses pour toute organisation. Les estimations diffèrent, mais les experts pensent que les organisations dépensent entre 10 et 30 % de leurs revenus pour gérer les problèmes de qualité des données. IBM a estimé que le coût des données de mauvaise qualité aux États-Unis en 2016 était de 3,1 trillions de dollars.[6]

Bon nombre des coûts liés à la mauvaise qualité des données sont cachés et indirects et donc difficiles à mesurer. D'autres, comme les amendes, sont directs et faciles à calculer. Les coûts proviennent de :

- Rebuts et reprises;
- Solutions de contournement et processus de correction cachés;

---

[6] Tel que cité par Redman, Thomas. *"Bad Data Costs U.S. $3 Trillion per Year."* Harvard Business Review. 22 septembre 2016. https://bit.ly/2cUsIR3.

- Inefficacité de l'organisation ou faible productivité;
- Conflit organisationnel;
- Faible satisfaction au travail;
- Insatisfaction des clients;
- Coûts d'opportunité, y compris l'incapacité d'innover;
- Coûts de conformité ou amendes;
- Coûts liés à la réputation et aux relations publiques.

Les avantages correspondants aux données de haute qualité incluent :

- Expérience client améliorée;
- Productivité accrue;
- Réduction des risques;
- Capacité à agir sur les opportunités;
- Augmentation des revenus;
- Avantage concurrentiel obtenu grâce à la connaissance des clients, des produits, des processus et des opportunités;
- Avantage concurrentiel obtenu grâce à une sécurité et une qualité des données démontrables.

Comme le montrent ces coûts et avantages, la gestion de la qualité des données n'est pas une activité ponctuelle. La production de données de qualité exige une planification, un engagement et un état d'esprit qui intègre la qualité dans les processus et les systèmes. Toutes les fonctions de gestion des données influencent la qualité des données, en bien ou en mal, elles doivent donc toutes tenir compte de la qualité des données dans l'exécution de leur travail.

LA VALORISATION DES DONNÉES N'EST PAS NORMALISÉE

Comme les données de chaque organisation sont uniques, il peut être difficile de leur attribuer une valeur monétaire. Combien cela coûte-t-il d'acquérir et de gérer l'historique des achats d'un client? Combien cela coûterait-il de reconstituer cet historique si les données étaient perdues?

Pourtant, l'attribution d'une valeur monétaire aux données est utile car elle éclaire les décisions relatives aux données et devient la base comprendre la valeur des activités de gestion des données.[7] Une approche de la valorisation des données consiste à définir des catégories générales de coûts et de bénéfices qui peuvent être appliquées de manière cohérente au sein d'une organisation. Voici quelques exemples de catégories :

- Coût d'obtention et de stockage des données;
- Coût de remplacement des données si elles étaient perdues;
- Impact sur l'organisation si les données étaient manquantes;
- Coûts potentiels des risques associés aux données;
- Coût de l'atténuation des risques;
- Coût de l'amélioration des données;
- Avantages de données de meilleure qualité;
- Ce que les concurrents paieraient pour les données;
- Ce à quoi les données pourraient être vendues;
- Revenus attendus des utilisations innovantes des données.

La valorisation des actifs de données doit également reconnaître que la valeur des données est contextuelle (c'est-à-dire que ce qui a de la valeur pour une organisation peut ne pas en avoir pour une autre) et souvent temporelle (c'est-à-dire que ce qui avait de la valeur hier peut ne pas en avoir aujourd'hui). Malgré cela, au sein d'une organisation, certains types de données, comme les données clients, sont susceptibles d'avoir une valeur constante dans le temps, de sorte que la plupart des organisations se concentrent d'abord à préserver la qualité de ces données hautement critiques.

---

[7] Pour des exemples et études de cas, voir Aiken, Peter et Billings, Juanita. *Monetizing Data Management* (2014) ou Laney, Douglas, *Infonomics: How to Monetize, Manage, and Measure Information as an Asset for Competitive Advantage* (2018).

LA GESTION DES DONNÉES COMPREND LA GESTION DE LEUR CYCLE DE VIE

Une des raisons pour lesquelles les gens confondent gestion des données et gestion de la technologie est qu'ils ne voient souvent les données qu'à un seul endroit : l'application à partir de laquelle ils y accèdent. Ils ne reconnaissent pas que les données peuvent être séparées des applications où elles sont créées ou stockées et que les données ont un cycle de vie. Le cycle de vie des données est basé sur le cycle de vie des produits. Il consiste à s'assurer que les données sont créées, déplacées et maintenues de manière qu'elles soient utilisables par les personnes et les processus qui en ont besoin. Même si les données et la technologie sont étroitement liées, le cycle de vie des données ne doit pas être confondu avec le cycle de vie du développement des systèmes[8], qui se concentre sur l'achèvement des projets dans les délais et le budget impartis.

Conceptuellement, le cycle de vie des données est facile à décrire (voir la figure 4). Elle comprend les processus qui créent ou obtiennent les données, ceux qui les déplacent, les transforment, les stockent et permettent leur maintien et leur partage, et ceux qui les utilisent ou les appliquent, ainsi que ceux qui les détruisent.[9] Les données sont rarement statiques. Tout au long de leur cycle de vie, les données peuvent être nettoyées, transformées, fusionnées, améliorées ou agrégées. Les données se déplacent souvent horizontalement au sein de l'organisation. Au fur et à mesure que les données sont utilisées ou améliorées, de nouvelles données sont créées, de sorte que le cycle de vie a des itérations internes et que les « mêmes » données peuvent avoir des exigences de cycle de vie différentes dans différentes parties d'une organisation.

---

[8] NDT: *Software Development Life Cycle (SDLC)* en anglais

[9] McGilvray, 2008 ; English, 1999. La description du cycle de vie de DAMA est basée sur la formulation de McGilvray, *POSMAD - Plan, Obtain, Store & Share, Maintain, Apply, Dispose* – qui s'est avérée un modèle très précieux, notamment dans le domaine de la qualité des données.

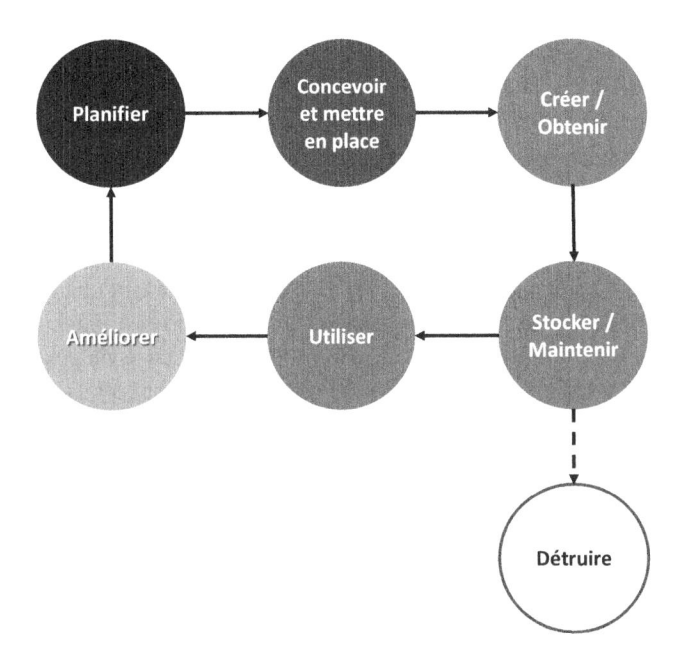

Figure 4: Le cycle de vie des données (DMBOK2, p. 29)

Le fait que différents types de données aient des exigences différentes en matière de cycle de vie ajoute de la complexité au concept de cycle de vie des données. Par exemple, les données transactionnelles peuvent être contrôlées en grande partie par l'application de règles de base, tandis que les données maîtres nécessitent une curation. Néanmoins, certains principes s'appliquent au cycle de vie de toute donnée:

- **La création et l'utilisation sont les points les plus critiques du cycle de vie des données**[10] : La gestion des données doit être exécutée en comprenant comment les données sont produites, ou obtenues, ainsi que la manière dont elles sont utilisées. L'acquisition de données coûte de l'argent. Les données n'ont de valeur que lorsqu'elles sont consommées ou appliquées.

---

[10] McGilvray (2008) souligne qu'il y a des coûts à toutes les étapes du cycle de vie des données, mais que la valeur n'est créée que lorsque les données sont utilisées. Voir également Redman (2008).

- **La qualité des données doit être gérée tout au long du cycle de vie des données** : Étant donné que la qualité des données peut être affectée par les événements de leur cycle de vie, la qualité doit être planifiée dans le cadre de celui-ci. Il ne s'agit pas d'un ajout, ou de quelque chose à faire « plus tard ».

- **La qualité des métadonnées doit être gérée tout au long du cycle de vie des données** : Les métadonnées sont un type de données qui sont utilisées pour décrire d'autres données. Elles sont donc essentielles à toutes les fonctions de gestion des données. Les métadonnées sont souvent créées dans le cadre du cycle de vie d'autres données et doivent être considérées comme un produit (plutôt qu'un sous-produit) de ce cycle de vie. La qualité des métadonnées doit être gérée de la même manière que la qualité des autres données.

- **La sécurité des données doit être gérée tout au long du cycle de vie des données** : La gestion des données consiste à s'assurer que les données sont sécurisées et que les risques associés aux données sont atténués. Les données qui doivent être protégées doivent l'être tout au long de leur cycle de vie, de leur création à leur élimination.

- **Les efforts de gestion des données doivent se concentrer sur les données les plus critiques** : Les organisations produisent beaucoup de données, dont une grande partie n'est jamais réellement utilisée.[11] Essayer de gérer chaque donnée n'est ni possible ni souhaitable. La gestion du cycle de vie exige de se concentrer sur les données les plus critiques d'une organisation et de minimiser les données ROT (c'est-à-dire les données redondantes, obsolètes ou triviales).[12]

---

[11] Les chiffres diffèrent, mais une recherche rapide sur Google de "Quel est le pourcentage de données inutilisées?" en donne trois qui sont quelque peu choquants : 97 % selon Gartner (25 janvier 2018), 85 % selon Veritas (15 mars 2016) et 73 % selon Inc.com (12 avril 2018).

[12] Aiken, 2014.

LES DIFFÉRENTS TYPES DE DONNÉES ONT DES EXIGENCES DIFFÉRENTES EN MATIÈRE DE CYCLE DE VIE

La gestion des données est rendue plus compliquée par le fait que les différents types de données ont des exigences différentes en matière de gestion du cycle de vie. Les données peuvent être classées selon la fonction qu'elles remplissent (par exemple, les données transactionnelles, les données de référence, les données maîtres, les métadonnées; alternativement, les données de catégorie, les données de ressource, les données d'événement, les données de transaction détaillées) ou selon leur contenu (par exemple, les domaines de données, les sujets) ou selon le format ou le niveau de protection que les données exigent. Les données peuvent également être classées en fonction de la manière et de l'endroit où elles sont stockées ou accessibles.

Parce que les différents types de données ont des exigences différentes, sont associés à des risques différents et jouent des rôles différents au sein d'une organisation, de nombreux outils de gestion des données accordent une grande importance à la classification et au contrôle[13]. Par exemple, les données maîtres ont des utilisations différentes et par conséquent des exigences de gestion différentes de celles des données transactionnelles.

LES MÉTADONNÉES DOIVENT ÊTRE GÉRÉES DANS LE CADRE DU CYCLE DE VIE DES DONNÉES

Les professionnels de la gestion des données se passionnent pour les métadonnées car ils sont conscients de leur importance. Pourtant, c'est un truisme parmi eux de ne jamais utiliser le mot *métadonnées* lorsqu'on parle avec des cadres. « Leurs yeux vont se voiler! » Nous allons prendre ce risque ici, car certaines formes de métadonnées ne sont pas simplement critiques pour la gestion des données – elles

---

[13] Bryce, 2005.

sont essentielles. Vous ne pouvez pas gérer des données sans métadonnées.

Les métadonnées comprennent une série d'informations qui permettent aux gens de comprendre les données et les systèmes qui les contiennent. Les métadonnées décrivent les données dont dispose une organisation, ce qu'elles représentent, comment elles sont classées, d'où elles proviennent, comment elles circulent au sein de l'organisation, comment elles évoluent au fil de leur utilisation, qui peut et ne peut pas les utiliser, et si elles sont de haute qualité.

Le défi n'est pas seulement que vous avez besoin de métadonnées pour gérer les données, mais que les métadonnées sont une forme de données et doivent être gérées comme telles. Les organisations qui ne gèrent pas bien leurs données ne gèrent généralement pas du tout leurs métadonnées. La réponse à ce défi est que la gestion des métadonnées constitue souvent un point de départ pour des améliorations de la gestion des données en général.

LA GESTION DES DONNÉES EST SOUVENT CONFONDUE AVEC LA GESTION DES TECHNOLOGIES DE L'INFORMATION

Comme la quasi-totalité des données d'aujourd'hui sont stockées électroniquement, la gestion des données est étroitement liée à la gestion de la technologie. Elles doivent être considérées l'une par rapport à l'autre, car les décisions relatives à la technologie ont un impact sur de nombreuses facettes de la gestion des données. Mais la gestion des données, qui vise à garantir que les données elles-mêmes sont utilisables et dignes de confiance, diffère de la gestion de la technologie, qui se concentre sur la construction et la maintenance de l'infrastructure, des systèmes et des applications.

Les deux sont fondamentalement liés par le fait que ces systèmes et applications automatisent souvent des processus métier qui collectent ou créent des données et que différents choix technologiques imposeront différentes contraintes aux données elles-mêmes. Les exigences en matière de gestion des données et de gestion technologique doivent être ancrées dans les processus métier qui créent ou utilisent les données et dans les besoins des personnes et des processus qui consomment les données.

Dans de nombreuses organisations, il existe un tiraillement permanent entre la volonté d'utiliser une nouvelle technologie et le désir de disposer de données plus fiables – comme si les deux étaient opposés au lieu d'être nécessaires l'un à l'autre. Une gestion des données réussie exige des décisions judicieuses en matière de technologie, mais gérer la technologie n'est pas la même chose que gérer les données. Les organisations doivent comprendre l'impact de la technologie sur les données, afin d'éviter que l'attrait technologique ne guide leurs décisions sur les données. Au lieu de cela, les exigences en matière de données alignées sur la stratégie de l'entreprise devraient guider les décisions relatives à la technologie.

LA GESTION DES DONNÉES EST TRANSVERSALE ET REQUIERT UN ÉVENTAIL DE COMPÉTENCES

La gestion des données implique un ensemble de processus interconnectés alignés sur le cycle de vie des données. Bien que plusieurs considèrent la gestion des données comme une fonction des technologies de l'information, elle requiert en réalité un large éventail de personnes possédant des compétences diverses et travaillant dans différents rôles d'une organisation. La gestion des données est un processus complexe car elle est exécutée dans toute l'organisation. Les données sont gérées à différents endroits dans une organisation et par des équipes qui ont la responsabilité de différentes phases du cycle de vie des données. La gestion des données nécessite :

- Compétences en matière de processus métier pour comprendre et planifier la création de données fiables;

- Compétences en conception pour planifier les systèmes où les données seront stockées ou utilisées;

- Compétences hautement techniques pour administrer le matériel et créer des logiciels où les données sont conservées;

- Compétences en analyse de données pour comprendre les questions et les problèmes découverts dans les données;

- Compétences analytiques pour interpréter les données et les appliquer à de nouveaux problèmes;

- Compétences linguistiques pour parvenir à un consensus sur les définitions et les modèles afin que les gens puissent comprendre les données;

- Réflexion stratégique pour voir les possibilités d'utiliser les données pour servir les clients et atteindre les objectifs.

Le défi consiste à amener les personnes possédant cet éventail de compétences et de perspectives à reconnaître comment les pièces s'emboîtent et comment leur travail s'entrecroise avec celui d'autres parties de l'organisation afin qu'elles collaborent avec succès et atteignent des objectifs communs.

LA GESTION DES DONNÉES NÉCESSITE UNE PERSPECTIVE D'ENTREPRISE ET L'ENGAGEMENT DES DIRIGEANTS

L'empreinte de la gestion des données est aussi grande que l'organisation qui crée et utilise les données. Les données sont l'un des « horizontaux » d'une organisation. Elles se déplacent à travers les divisions verticales, telles que les ventes, le marketing et les opérations. Ou du moins, elles le devraient. Idéalement, les données devraient être gérées dans une perspective d'entreprise. Cependant, arriver à cette perspective est un défi.

La plupart des organisations répartissent le travail par unités ou fonctions commerciales, chacune d'entre elles pouvant développer ses propres applications pour effectuer son travail. Comme les données sont souvent considérées comme un simple sous-produit des processus opérationnels (par exemple, les enregistrements des transactions de vente sont le sous-produit du processus de vente, et non une fin en soi), elles ne sont pas toujours planifiées au-delà du besoin immédiat. Elles peuvent même ne pas être reconnues comme utiles pour d'autres personnes ou processus.

À moins que des normes de données d'entreprise ne soient établies et appliquées, il y aura des différences dans la façon dont les données sont définies et créées dans différents domaines. Par exemple, prenez quelque chose d'aussi simple en apparence que le numéro de sécurité sociale (SSN), un identifiant américain pour les individus. Si une application saisit le SSN sous forme de valeur numérique et une autre dans un champ de texte, les données SSN seront formatées différemment. Cela peut entraîner des problèmes comme l'abandon des zéros non significatifs sur les SSN. Les différences de formatage, dans la granularité des données et dans les attributs qu'il est obligatoire de capturer, constituent des obstacles à l'intégration des données provenant de diverses applications. Les obstacles à l'intégration limitent la valeur qu'une organisation peut tirer de ses données.

Les organisations qui considèrent les données comme un produit qu'elles créent ou achètent prendront de meilleures décisions sur la manière de les gérer tout au long de leur cycle de vie. Ces décisions nécessitent une reconnaissance :

- La façon dont les données relient des processus métier qui pourraient autrement être considérés comme distincts;
- La relation entre les processus métier et la technologie qui les soutient;
- La conception et l'architecture des systèmes et les données qu'ils produisent et stockent;
- La manière dont les données peuvent être utilisées pour faire progresser la stratégie de l'organisation.

La planification pour de meilleures données exige une approche stratégique de l'architecture, de la modélisation et d'autres fonctions de conception. Elle dépend également d'une collaboration stratégique entre les responsables commerciaux et informatiques. Et, bien sûr, elle exige la capacité d'exécuter efficacement des projets individuels. Le défi est qu'il existe généralement des pressions organisationnelles, ainsi que les habituelles contraintes du temps et de l'argent, qui font obstacle à une meilleure planification. Les organisations doivent trouver un équilibre entre les objectifs à long et à court terme lorsqu'elles exécutent leur stratégie. La compréhension des compromis permet de prendre de meilleures décisions.

CE QUE VOUS DEVEZ RETENIR

- Les données constituent un actif précieux, mais elles représentent également un risque. Une organisation peut commencer à comprendre la valeur de ses données en reconnaissant à la fois les coûts des données de mauvaise qualité et les avantages des données de haute qualité.

- Les données ont des caractéristiques uniques qui les rendent difficiles à gérer.

- La meilleure approche pour relever ces défis est de gérer les données tout au long de leur cycle de vie et d'adopter une perspective d'entreprise.

- L'absence de gestion du cycle de vie des données est coûteuse, bien que de nombreux coûts soient cachés.

- La gestion des données tout au long de leur cycle de vie nécessite une planification, des compétences et un travail d'équipe.

CHAPITRE 3

Principes de gestion des données selon DAMA

La gestion des données présente des défis uniques liés à la nature même des données. Même avec ses caractéristiques uniques, la gestion des données partage des caractéristiques avec d'autres formes de gestion. Elle implique de savoir quelles sont les données dont dispose une organisation et ce qui pourrait être accompli avec elles, puis de déterminer comment utiliser au mieux les actifs informationnels pour atteindre les objectifs organisationnels. Comme d'autres processus de gestion, elle doit équilibrer les besoins stratégiques et opérationnels. Il doit également tenir compte des propriétés uniques des données examinées au chapitre 2.

Pour aider les organisations à trouver cet équilibre, DAMA a élaboré un ensemble de principes qui reconnaissent les défis de la gestion des données et aident à guider ses pratiques.

Au plus haut niveau, ces principes se résument à quatre affirmations (voir la figure 5) que nous examinerons dans ce chapitre :

- Les données sont précieuses;

- Les exigences en matière de gestion des données sont des exigences opérationnelles;
- La gestion des données exige plusieurs compétences;
- La gestion des données est une gestion du cycle de vie.

PRINCIPES DE GESTION DES DONNÉES

Les données sont précieuses
- Les données sont un actif aux propriétés uniques
- La valeur des données peut et doit être exprimée en termes économiques
- Une gestion des données efficace nécessite l'engagement des dirigeants

Les exigences sur les données sont des exigences opérationnelles
- Gérer les données signifie gérer la qualité des données
- Il faut des métadonnées pour gérer les données
- La gestion des données demande de la planification
- Les exigences de gestion des données doivent guider les décisions relatives aux technologies de l'information

Les gestion des données est une gestion du cycle de vie
- Les différents types de données ont des caractéristiques de cycle de vie différentes
- La gestion des données inclut la gestion des risques associés aux données

Les gestion des données exige plusieurs compétences
- La gestion des données est interfonctionnelle
- La gestion des données nécessite une perspective d'entreprise
- La gestion des données doit tenir compte d'un éventail de perspectives

Figure 5: Les principes de la gestion des données (adapté de DMBOK2, p. 22)

Les principes de gestion des données de DAMA permettent de comprendre comment votre organisation gère ses données. Après avoir passé en revue leurs implications, nous examinerons ces principes dans le contexte de la maturité de la gestion des données. Un modèle de maturité définit une progression du contrôle croissant d'un ensemble de processus. Lorsqu'une organisation acquiert une compréhension des caractéristiques des processus, elle peut mettre en place un plan pour améliorer ses capacités. Elle peut également mesurer l'amélioration et se comparer à ses concurrents ou partenaires, guidée par les niveaux du modèle. Les modèles de maturité de la gestion des données décrivent les détails des processus de gestion des données qui peuvent être utilisés pour ce type d'évaluation. Nous reviendrons sur le concept de maturité de la gestion des données au chapitre 12, lorsque nous aborderons la manière d'évaluer l'état actuel de votre organisation.

LES DONNÉES SONT PRÉCIEUSES

- **Les données sont un actif aux propriétés uniques** : Les données sont un actif, mais elles diffèrent des autres actifs par des aspects importants qui ont un impact sur leur gestion. La plus évidente de ces propriétés est que les données ne sont pas consommées lorsqu'elles sont utilisées, comme le sont les actifs financiers et physiques.

- **La valeur des données peut et doit être exprimée en termes économiques** : Identifier les données comme un actif implique qu'elles ont une valeur. S'il existe des techniques pour mesurer la valeur qualitative et quantitative des données, il n'existe pas encore de normes pour le faire. Les organisations qui souhaitent prendre de meilleures décisions concernant leurs données doivent développer des moyens cohérents de quantifier cette valeur. Elles devraient également mesurer à la fois les coûts des données de faible qualité et les avantages des données de haute qualité.

- **Une gestion efficace des données nécessite l'engagement des dirigeants** : La gestion des données implique un ensemble complexe de processus qui, pour être efficaces, nécessitent coordination, collaboration et engagement. Pour y parvenir, il faut non seulement des compétences en gestion, mais aussi la vision et l'objectif qui découlent d'un leadership engagé.

LES EXIGENCES SUR LES DONNÉES SONT DES EXIGENCES OPÉRATIONNELLES

- **Gérer les données signifie gérer la qualité des données :** S'assurer que les données sont adaptées à l'objectif est un objectif principal de la gestion des données. Pour gérer la qualité, les organisations doivent s'assurer qu'elles comprennent les exigences des parties prenantes en matière de qualité et mesurer les données par rapport à ces exigences.

- **Il faut des métadonnées pour gérer des données :** La gestion de tout actif nécessite de disposer d'information sur cet actif (nombre d'employés, codes comptables, etc.). Les informations utilisées pour gérer et utiliser les données sont appelées métadonnées. Comme les données ne peuvent être touchées physiquement, il faut les définir et les connaître sous forme de métadonnées afin de comprendre ce qu'elles sont et comment les utiliser. Les métadonnées proviennent d'une série de processus liés à la création, au traitement et à l'utilisation des données, notamment l'architecture, la modélisation, l'intendance, la gouvernance, la gestion de la qualité des données, le développement de systèmes, les opérations informatiques et commerciales et l'analyse.

- **La gestion des données demande de la planification :** Même les petites organisations peuvent avoir des écosystèmes techniques et des processus métier complexes. Les données sont créées en de nombreux endroits et sont déplacées d'un endroit à l'autre pour être utilisées. Pour coordonner les tâches et maintenir les résultats finaux conformes, il faut une planification autant de l'architecture que des processus de gestion des données.

- **Les exigences de gestion des données doivent guider les décisions relatives aux technologies de l'information :** Les données et leur gestion sont profondément liées aux technologies de l'information et à leur gestion. La gestion des données nécessite une approche qui s'assure que la technologie sert les besoins stratégiques de l'organisation en matière de données, plutôt que de les influencer.

LES GESTION DES DONNÉES EST UNE GESTION DU CYCLE DE VIE

- **La gestion des données est une gestion du cycle de vie :** Les données ont un cycle de vie et gérer les données nécessite de gérer leur cycle de vie. Comme les données engendrent d'autres données, le cycle de vie des données lui-même peut être très complexe. Les pratiques de gestion des données doivent tenir compte de l'évolution du cycle de vie des données.

- **Les différents types de données ont des caractéristiques de cycle de vie différentes :** Pour cette raison, ils ont des exigences de gestion différentes. Les pratiques de gestion des données doivent reconnaître ces différences et être suffisamment souples pour répondre aux exigences variées du cycle de vie des données.

- **La gestion des données inclut la gestion des risques associés aux données :** En plus d'être un actif, les données représentent également un risque pour une organisation. Les données peuvent être perdues, volées ou mal utilisées. Les organisations doivent tenir compte des implications éthiques de leurs utilisations des données. Les risques liés aux données doivent être gérés dans le cadre de leur cycle de vie.

LES GESTION DES DONNÉES EXIGE PLUSIEURS COMPÉTENCES

- **La gestion des données est interfonctionnelle :** Une seule équipe ne peut pas gérer toutes les données d'une organisation. Pour ce faire, il faut un éventail de compétences et d'expertise. La gestion des données exige des compétences techniques et non techniques ainsi que la capacité de collaborer.

- **La gestion des données nécessite une perspective d'entreprise :** La gestion des données a des intérêts locaux, mais elle doit être appliquée à l'ensemble de l'entreprise pour être aussi efficace que possible. C'est l'une des raisons pour lesquelles la gestion des données et la gouvernance des données sont intimement liées.

- **La gestion des données doit tenir compte d'un éventail de perspectives :** Les données sont fluides et changeantes. La gestion des données doit constamment évoluer pour s'adapter aux modes de création et d'utilisation des données et aux besoins des consommateurs de données.

PRINCIPES ET MATURITÉ DE LA GESTION DES DONNÉES

Vous comprenez maintenant l'importance de la gestion des données, les défis de la gestion des données et les principes de la gestion des données. Votre organisation applique sans doute certains de ces principes, car elle suit probablement certaines des pratiques qui seront décrites dans les chapitres suivants. Mais à moins que l'organisation ne se sensibilise à travers un mécanisme d'auto-évaluation, il est peu probable qu'elle soit en mesure d'améliorer ses pratiques.

Une évaluation de la maturité des capacités est un très bon moyen d'y parvenir. L'évaluation de la maturité des capacités est une approche de l'amélioration des processus basée sur un cadre – un modèle de maturité des capacités – qui décrit comment les caractéristiques d'un processus évoluent de l'ad hoc à l'optimal.[14]

---

[14] Voir Paulk, Mark C. « *A history of the Capability Maturity Model for Software.* » https://bit.ly/2HTuIK6.

Avec chaque nouveau niveau, l'exécution des processus devient plus cohérente, prévisible et fiable. Les processus s'améliorent à mesure qu'ils adoptent les caractéristiques de chaque niveau. La progression se fait dans un ordre précis. Aucun niveau ne peut être sauté. Les niveaux comprennent généralement :

- **Niveau 0** Absence de capacité;

- **Niveau 1 Initial ou Ad Hoc** : le succès dépend de la compétence des individus;

- **Niveau 2 Reproduisible** : Une discipline minimale en matière de processus est en place;

- **Niveau 3 Défini** : Des normes sont établies et utilisées;

- **Niveau 4 Géré** : Les processus sont quantifiés et contrôlés;

- **Niveau 5 Optimisé** : Les objectifs d'amélioration des processus sont quantifiés.

Au sein de chaque niveau, les critères sont décrits à travers les caractéristiques des processus. Par exemple, un modèle de maturité peut inclure des critères liés à la façon dont les processus sont exécutés, y compris leur niveau d'automatisation. Il peut se concentrer sur les politiques et les contrôles, ainsi que sur les détails des processus. Une telle évaluation permet d'identifier ce qui fonctionne bien, ce qui ne fonctionne pas bien et les carences d'une organisation.

La maturité dans l'utilisation des principes de gestion des données pourrait progresser comme l'illustre la figure 6, où une organisation passe d'une connaissance limitée des principes de gestion des données à un état où ces principes deviennent les moteurs de l'amélioration de l'organisation.

Une évaluation de la maturité de la gestion des données (*Data Management Maturity Assessment* – DMMA) peut être utilisée pour évaluer la gestion des données dans son ensemble, ou pour se concentrer sur un seul domaine fonctionnel ou de connaissances, ou même sur un seul processus ou idée (comme le degré auquel une organisation suit les principes de gestion des données).

Niveau 1 — Initiale / Ad Hoc
- On connait peu, ou pas du tout, les principes de gestion des données
- Les individus font une gestion des données intuitive, sans en comprendre les principes

Niveau 2 — Reproductible
- Compréhension émergente des principes de gestion de données
- Quelques principes sont implémentés dans plus d'une zone de l'organisation

Niveau 3 — Défini
- Compréhension complète de tous les principes de gestion des données
- Les principes sont des catalyseurs pour l'organisation, aidant les processus qui les appliquent à être plus fiables

Niveau 4 — Géré
- Un responsable est nommé pour leur mise en place
- Ils sont utilisés pour assurer la fiabilité des processus de gestion des données

Niveau 5 — Optimisé
- L'organisation s'évalue selon les principes de gestion des données
- Les principes motivent l'amelioration des processus de gestion des données

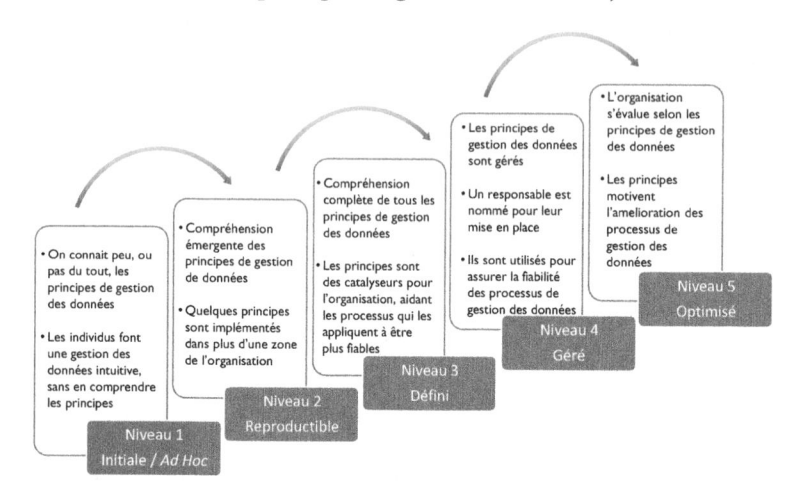

Figure 6: Modèle de maturité pour l'application des principes de gestion des données (adaptée de DMBOK2, chapitre 15)

Quel que soit l'objectif, une DMMA peut aider à combler le fossé entre les perspectives commerciales et informatiques sur la santé et l'efficacité des pratiques de gestion des données. Une DMMA fournit un langage commun pour décrire les progrès réalisés dans toutes les fonctions de gestion des données et propose une voie d'amélioration par étapes qui peut être adaptée aux priorités stratégiques d'une organisation. Elle peut donc être utilisée à la fois pour formuler et mesurer les objectifs de l'organisation, ainsi que pour comparer l'organisation à d'autres organisations ou à des références du secteur.

CE QUE VOUS DEVEZ RETENIR

- Les principes de gestion des données de DAMA ont été élaborés en réponse aux défis posés par la gestion des données.

- Ces principes permettent à une organisation d'adopter une approche plus stratégique de la gestion des données.

- Ils peuvent être utilisés pour formuler une politique, définir des procédures et permettre des décisions stratégiques.

- Le personnel impliqué dans tout aspect de la gestion des données doit connaître ces principes et être capable de les appliquer aux tâches qui lui incombent.

- Les principes de gestion des données de DAMA peuvent également être utilisés en conjonction avec une évaluation de la maturité de la gestion des données pour comprendre l'état actuel de l'organisation et définir une feuille de route pour l'amélioration.

CHAPITRE 4

Éthique des données

Définie simplement, *l'éthique* est un principe de comportement basé sur les notions de bien et de mal. Les principes éthiques se concentrent souvent sur des idées telles que l'équité, le respect, la responsabilité, l'intégrité, la justice, la qualité, la fiabilité, la transparence et la confiance. L'éthique du traitement des données porte sur la manière de se procurer, de stocker, de gérer, d'utiliser et d'éliminer les données dans le respect des principes éthiques. En d'autres termes, il s'agit de faire les bonnes choses avec les données et d'empêcher que les mauvaises choses soient faites avec les données, même lorsque personne ne regarde.

Le traitement des données – non seulement leur gestion, mais aussi leur utilisation et leur partage avec d'autres organisations – de manière éthique est nécessaire au succès à long terme de toute organisation qui souhaite tirer profit de ses données. Une gestion des données contraire à l'éthique peut entraîner une perte de réputation et de clients, car elle met en danger les personnes dont les données sont exposées. Dans certains cas, les pratiques non éthiques sont également illégales.[15] Étant donné le lien entre le droit à la vie privée et les autres droits de l'homme, l'éthique des données est également une question de responsabilité sociale.[16]

Ce chapitre aborde l'importance du traitement éthique des données. Il couvre les points suivants :

- Pourquoi il est important de gérer les données de manière éthique ;
- Les principes qui sous-tendent le traitement éthique des données ;
- Les avantages d'une approche éthique de la gestion des données ;
- Comment établir une approche éthique de la gestion des données.

L'ÉTHIQUE ET LA GESTION DES DONNÉES

L'éthique du traitement des données repose sur plusieurs concepts fondamentaux :

- **Impact sur les personnes :** Les données représentent souvent des caractéristiques de personnes individuelles (clients, employés, patients, vendeurs, etc.) et sont utilisées pour

---

[15] L'HIPAA (Health Insurance Portability and Accountability Act) aux États-Unis, la LPRPDE (Loi sur la protection des renseignements personnels et les documents électroniques) au Canada, le règlement général sur la protection des données (RGPD) de l'UE et d'autres lois sur la protection des données et la confidentialité des informations décrivent les obligations en matière de traitement des données d'identification personnelles (par exemple, le nom, les adresses, l'affiliation religieuse ou l'orientation sexuelle) et de confidentialité (accès ou restriction à ces informations).

[16] La question de l'éthique des données a été examinée non seulement en ce qui concerne la vie privée, mais aussi en ce qui concerne l'utilisation des données pour influencer les résultats des processus politiques. Voir Nicholas Confessore et Danny Hakim, 6 mars 2017. « *Data Firm says 'Secret Sauce' Aided Trump ; Many Scoff* ». New York Times. 6 mars 2017. https://nyti.ms/2J2aDx2 ; et Barb Darrow, « *Is Big Data Killing Democracy ?* » Magazine Fortune, 15 septembre 2017. Ou encore, il suffit de googler : Le big data tue-t-il la démocratie ?

prendre des décisions qui affectent la vie des gens. L'éthique exige que les données ne soient utilisées que de manière à préserver la dignité humaine[17].

- **Possibilité d'utilisation abusive :** Une mauvaise utilisation des données peut avoir des conséquences négatives sur les personnes et les organisations. Il est donc impératif, d'un point de vue éthique, d'empêcher l'utilisation abusive des données, notamment par des actions qui nuisent au bien commun.

- **Valeur économique des données :** Les données ont une valeur économique. L'éthique de la propriété des données devrait déterminer comment cette valeur peut être accessible et par qui.

Les organisations protègent les données en s'appuyant largement sur les lois et les exigences réglementaires. Néanmoins, comme les données ont un effet sur les personnes, les professionnels de la gestion des données doivent reconnaître qu'il existe des raisons éthiques (en plus de juridiques) de protéger les données et de veiller à ce qu'elles ne soient pas mal utilisées. Même les données qui ne représentent pas directement des individus, par exemple les données sur l'accessibilité ou la distribution des ressources, peuvent être utilisées pour prendre des décisions qui affectent la vie des gens.

Il existe un impératif éthique non seulement pour protéger les données, mais aussi pour gérer leur qualité. Les personnes qui prennent des décisions, ainsi que celles qui sont affectées par ces décisions, s'attendent à ce que les données soient complètes et

---

[17] Les principes reconnus de la bioéthique, qui visent à préserver la dignité humaine, constituent un bon point de départ général pour les principes de l'éthique des données. Par exemple, les principes de Belmont pour la recherche médicale peuvent être adaptés dans les disciplines de la gestion de l'information (US-HSS, 1979). Ces principes comprennent : le respect des personnes, l'exigence éthique fondamentale que les personnes soient traitées d'une manière qui respecte leur dignité et leur autonomie en tant qu'individus humains; la bienfaisance, le principe, premièrement, d'éviter de faire du tort et, deuxièmement, de maximiser les avantages possibles et de minimiser les inconvénients possibles; et la justice, le principe d'assurer un traitement juste et équitable des personnes.

exactes afin qu'elles disposent d'une base solide pour prendre leurs décisions. Tant d'un point de vue commercial que technique, les professionnels de la gestion des données ont la responsabilité éthique de gérer les données de manière à réduire le risque qu'elles soient mal représentées, mal utilisées ou mal comprises. Cette responsabilité s'étend à tout le cycle de vie des données, de leur création à leur destruction.

Malheureusement, de nombreuses organisations ne reconnaissent pas les obligations éthiques inhérentes à la gestion des données et ne s'y conforment pas. Elles peuvent adopter une perspective technique traditionnelle et prétendre ne pas comprendre les données. Ou bien elles supposent que si elles suivent la lettre de la loi, elles ne courent aucun risque lié à la manipulation des données. Il s'agit là d'une hypothèse dangereuse. L'environnement des données évolue rapidement. Les organisations utilisent les données d'une manière qu'elles n'auraient pas imaginée il y a seulement quelques années. L'analytique peut apprendre des choses à partir des données que beaucoup de gens ne croient toujours pas possibles[18].

Si les lois codifient certains principes éthiques, la législation ne peut pas suivre les risques liés à l'évolution de l'environnement des données. Les organisations doivent reconnaître et répondre à leur obligation éthique de protéger les données qui leur sont confiées en favorisant et en soutenant une culture qui valorise le traitement éthique de l'information.

---

[18] De nombreux ouvrages récents décrivent dans quelle mesure les techniques de la science des données ont été utilisées pour influencer les processus politiques et économiques de manière potentiellement contraire à l'éthique. Voir, par exemple, Stephens-Davidowitz, Seth. « *Everybody Lies : Big Data, New Data, and What the Internet Can Tell Us About Who We Really Are* ». (Harper Collins, 2017.) O'Neil, Cathy. « *Weapons of Math Destruction: How Big Data Increases Inequality and Threatens Democracy* ». (Random House, 2016.) Et Schneier, Bruce. « *Data and Goliath: The Hidden Battles to Collect Your Data and Control Your World* ». (Norton, 2015.) Le potentiel de mauvaise utilisation des données a toujours existé. Voir le classique de Darell Huff, « *How to Lie with Statistics* » (1954). Mais dans le monde d'aujourd'hui, la capacité à acquérir et à analyser les données a considérablement augmenté le risque d'utilisation abusive, avec des implications sociales importantes.

Principes éthiques soutenant les règlements de protection de la vie privée

Les politiques publiques et le droit tentent de codifier le bien et le mal sur la base de principes éthiques. Mais elles ne peuvent pas codifier toutes les circonstances. Par exemple, les lois sur la protection de la vie privée dans l'Union européenne, au Canada et aux États-Unis ont différentes approches pour codifier l'éthique des données. Ces principes peuvent également servir de cadre à une politique organisationnelle. Les principes qui sous-tendent le règlement général sur la protection des données (RGPD) de l'UE sont les suivants :

- **Équité, licéité, transparence :** Les données à caractère personnel sont traitées de manière licite, équitable et transparente à l'égard de la personne concernée.

- **Restriction de l'usage :** Les données personnelles doivent être collectées pour des usages déterminés, explicites et légitimes, et ne pas être traitées de manière incompatible avec ces usages.

- **Minimisation des données :** Les données personnelles doivent être adéquates, pertinentes et limitées à ce qui est nécessaire au regard des usages pour lesquelles elles sont traitées.

- **Exactitude :** Les données à caractère personnel doivent être exactes et, si nécessaire, mises à jour. Toutes les mesures raisonnables doivent être prises pour que les données à caractère personnel qui sont inexactes soient effacées ou rectifiées sans délai.

- **Limitation de la conservation :** Les données doivent être conservées sous une forme permettant l'identification des personnes concernées pendant une durée n'excédant pas celle nécessaire à la réalisation des usages pour lesquelles elles sont traitées.

- **Intégrité et confidentialité :** Les données doivent être traitées d'une manière qui assure une sécurité appropriée des données à caractère personnel, y compris la protection contre le traitement non autorisé ou illégal et contre la perte, la destruction ou les dommages accidentels, en utilisant des mesures techniques ou organisationnelles appropriées.

- **Responsabilité :** Les responsables du traitement des données sont redevables du respect de ces principes et sont en mesure de le démontrer.

Les principes du RGDP sont équilibrés par et soutiennent certains droits reconnus aux individus concernant leurs données, y compris les droits d'accès, de rectification des données inexactes, de portabilité, d'opposition au traitement des données personnelles pouvant causer des dommages ou une détresse, et d'effacement. Lorsque les données personnelles sont traitées sur la base d'un consentement, ce consentement doit être une action affirmative librement donnée, spécifique, informée et sans ambiguïté. Le RGDP exige une gouvernance et une documentation efficaces pour permettre et démontrer la conformité et impose le respect de la vie privée dès la conception.

La loi canadienne sur la protection de la vie privée combine un régime complet de protection de la vie privée et une autoréglementation de l'industrie. La LPRPDE (Loi sur la protection des renseignements personnels et les documents électroniques) s'applique à toute organisation qui recueille, utilise et diffuse des renseignements personnels dans le cadre d'activités commerciales. Elle stipule les règles, avec des exceptions, que les organisations doivent suivre dans leur utilisation des informations personnelles des consommateurs. Les obligations statutaires fondées sur la LPRPDE sont les suivantes[19] :

- **Responsabilité :** Une organisation est responsable des renseignements personnels dont elle a la gestion et doit désigner une personne qui sera chargée de veiller à ce que l'organisation respecte ce principe.

---

[19] https://bit.ly/3z0jERY.

- **Détermination des fins de la collecte :** Une organisation doit identifier les objectifs pour lesquels les informations personnelles sont collectées avant ou au moment de la collecte.

- **Consentement :** Une organisation doit informer toute personne de la collecte, de l'utilisation ou la divulgation de renseignements personnels qui la concerne et obtenir son consentement, à moins qu'il ne soit pas approprié de le faire.

- **Limitation de la collecte, de l'utilisation, de la divulgation et de la rétention :** La collecte de renseignements personnels doit être limitée à ce qui est nécessaire aux fins identifiées par l'organisation. Les informations doivent être collectées par des moyens justes et légaux. Les renseignements personnels ne doivent pas être utilisés ou divulgués à des fins autres que celles pour lesquelles ils ont été recueillis, sauf avec le consentement de la personne concernée ou si la loi l'exige. Les renseignements personnels ne doivent être conservés qu'aussi longtemps que nécessaire pour la réalisation des fins déterminées.

- **Exactitude :** Les renseignements personnels doivent être aussi exacts, complets et à jour que possible pour satisfaire les fins auxquelles ils sont destinés.

- **Mesures de sécurité :** Les renseignements personnels doivent être protégés par des mesures de sécurité correspondant à leur degré de sensibilité.

- **Transparence :** Une organisation doit mettre à la disposition du public des informations spécifiques sur ses politiques et pratiques relatives à la gestion de leurs renseignements personnels.

- **Accès individuel :** Sur demande, une personne doit être informée de l'existence, de l'utilisation et de la divulgation de ses renseignements personnels, et doit pouvoir accéder à ces renseignements. Une personne doit pouvoir contester l'exactitude et l'exhaustivité des informations et les faire modifier le cas échéant.

- **Possibilité de porter plainte :** Une personne doit être en mesure de se plaindre du non-respect d'un des principes ci-dessus à la personne ou aux personnes désignées responsables de la conformité de l'organisation.

En mars 2012, la Commission fédérale du commerce des États-Unis (*Federal Trade Commission* - FTC) a publié un rapport recommandant aux organisations de concevoir et de mettre en œuvre leurs propres programmes de protection de la vie privée sur la base des meilleures pratiques décrites dans le rapport (c'est-à-dire *Privacy by Design*). Le rapport réaffirme l'accent mis par la FTC sur les principes de traitement équitable de l'information, qui comprennent :

- **Avis / Sensibilisation :** Les collecteurs de données doivent divulguer leurs pratiques en matière d'information avant de collecter des informations personnelles auprès des consommateurs.

- **Choix / Consentement :** Les consommateurs doivent savoir si et comment les informations personnelles recueillies auprès d'eux peuvent être utilisées à des fins autres que celles pour lesquelles elles ont été fournies et donner leur consentement.

- **Accès / Participation :** Les consommateurs doivent pouvoir consulter et contester l'exactitude et l'exhaustivité des données les concernant.

- **Intégrité / Sécurité :** Les collecteurs de données doivent prendre des mesures raisonnables pour garantir que les informations recueillies auprès des consommateurs sont exactes et protégées contre toute utilisation non autorisée.

- **Application de la loi / Recours :** L'utilisation d'un mécanisme fiable pour imposer des sanctions en cas de non-respect de ces pratiques d'information équitables.

On observe une tendance mondiale à renforcer la protection législative de la confidentialité des informations des personnes, conformément aux normes fixées par la législation européenne. Les lois du monde entier imposent différents types de restrictions à la circulation des données au-delà des frontières internationales. Même au sein d'une organisation multinationale, il y aura des limites légales au partage des informations au niveau mondial. Il est donc important que les organisations disposent de politiques et de lignes directrices permettant au personnel de respecter les exigences légales et d'utiliser les données dans le respect de la tolérance au risque de l'organisation.

ÉTHIQUE ET AVANTAGE CONCURRENTIEL

Les organisations reconnaissent de plus en plus qu'une approche éthique de l'utilisation des données constitue un avantage concurrentiel[20]. Le traitement éthique des données peut accroître la crédibilité d'une organisation et les bénéfices de ses données et de ses processus. Cela peut créer de meilleures relations entre l'organisation et ses parties prenantes. La création d'une culture éthique implique l'introduction d'une gouvernance appropriée, y compris l'institution de contrôles pour garantir que les répercussions du traitement des données, qu'elles soient prévues ou non, sont éthiques et ne violent pas la confiance ou ne portent pas atteinte à la dignité humaine.

Le traitement des données ne se fait pas dans le vide. Il existe de solides raisons commerciales de traiter les données de manière éthique :

- **Attentes des parties prenantes :** Les clients et autres parties prenantes attendent un comportement et des résultats éthiques de la part des entreprises et de leurs processus de traitement des données.

- **Gestion du risque :** La réduction du risque de mauvaise utilisation des données par les employés, les clients ou les partenaires est une des principales raisons de promouvoir des

---

[20] Hasselbalch & Tranberg, 2016.

principes éthiques pour le traitement des données de l'organisation.

- **Prévention de l'utilisation abusive** : Il existe également une responsabilité éthique de protéger les données contre les criminels (c'est-à-dire de se protéger contre le piratage et les fuites potentielles des données).

- **Respecter la propriété** : Les différents modèles de propriété des données influencent l'éthique du traitement des données. Par exemple, la technologie a amélioré la capacité des organisations à partager des données entre elles. Cette capacité signifie que les organisations doivent prendre des décisions éthiques quant à leur responsabilité de partager des données qui ne leur appartiennent pas.

Les rôles émergents de directeur des données, directeur de la gestion du risque, responsable de la confidentialité et directeur de l'analytique[21] sont axés sur le contrôle des risques en établissant des pratiques acceptables pour le traitement des données. Mais la responsabilité s'étend au-delà des personnes occupant ces rôles. Le traitement des données de manière éthique nécessite une reconnaissance à l'échelle de l'organisation des risques associés à une mauvaise utilisation des données, et un engagement de l'organisation à traiter les données sur la base de principes qui protègent les individus et respectent les impératifs liés à la propriété des données.

La gouvernance des données peut contribuer à garantir que les principes éthiques sont respectés pour les processus critiques, tels qu'identifier qui peut utiliser les données, ainsi que les usages permis. Les praticiens de la gouvernance des données doivent prendre en compte les risques éthiques de l'utilisation des données sur les parties prenantes. Ils doivent gérer ces risques de la même manière qu'ils gèrent la qualité des données.

---

[21] NDT : *Chief Data Officer, Chief Risk Officer, Chief Privacy Officer* et Chief Analytics Officer en anglais.

ÉTABLIR UNE CULTURE DE TRAITEMENT ÉTHIQUE DES DONNÉES

Pour instaurer une culture de traitement éthique des données, il faut comprendre les pratiques existantes, définir les comportements attendus, les codifier dans des politiques et un code d'éthique, et assurer la formation et la surveillance nécessaires pour faire respecter les comportements attendus. Comme pour les autres initiatives liées à la gouvernance des données et au changement de culture, ce processus nécessite un leadership fort.

Le traitement éthique des données inclut évidemment le respect de la loi. Il influence également la manière dont les données sont analysées, interprétées et exploitées en interne et en externe. Une culture organisationnelle qui valorise le comportement éthique ne se contente pas d'avoir un code de conduite, elle veille également à ce qu'une communication claire et des contrôles de gouvernance soient en place pour soutenir les employés qui observent des pratiques ou de risques non éthiques. Les employés doivent pouvoir les signaler sans crainte de représailles. L'amélioration du comportement éthique en matière de données nécessite souvent un processus formel de gestion du changement organisationnel (voir chapitre 12).

Les étapes de la mise en place d'une culture de traitement éthique des données sont les suivantes :

- **Examiner les pratiques actuelles de traitement des données** : Comprendre dans quelle mesure les pratiques actuelles sont directement et explicitement liées à des facteurs d'éthique et de conformité; déterminer dans quelle mesure les employés comprennent les implications éthiques des pratiques existantes pour établir et préserver la confiance des clients, des partenaires et des autres parties prenantes.

- **Identifier les principes, les pratiques et les facteurs de risque :** Comprendre le risque que les données soient mal utilisées et causent un préjudice aux clients, aux employés, aux fournisseurs, aux autres parties prenantes ou à l'organisation dans son ensemble. Outre les risques liés au domaine d'activité, la plupart des organisations présentent des risques spécifiques, qui peuvent être liés à leur empreinte technologique, au taux de rotation du personnel, aux moyens par lesquels elles collectent les données des clients, ou à d'autres facteurs. Les principes doivent être alignés sur les risques (les mauvaises choses qui peuvent se produire si les principes ne sont pas respectés) et les pratiques (les bonnes façons de faire les choses afin d'éviter les risques). Les pratiques doivent être soutenues par des contrôles.

- **Adopter un modèle de risque éthique socialement responsable :** L'exécution équitable des activités d'informatique décisionnelle, d'analytique et de science des données nécessite une perspective éthique qui dépasse les frontières de l'organisation et tient compte des implications pour la communauté au sens large. Une perspective éthique est nécessaire non seulement parce que les données peuvent facilement être mal utilisées, mais aussi parce que les organisations ont une responsabilité sociale de ne pas faire de mal avec leurs données. Un modèle de risque peut être utilisé pour déterminer s'il faut exécuter un projet. Il influencera également la manière d'exécuter le projet. Les projets d'analyse de données étant complexes, les gens peuvent ne pas voir les défis éthiques. Les organisations doivent identifier activement les risques probables. Un modèle de risque peut les aider à le faire (voir la figure 7).

- **Créer une stratégie et une feuille de route pour le traitement éthique des données :** Après un examen de la situation actuelle et l'élaboration d'un ensemble de principes, une organisation peut formaliser une stratégie pour améliorer ses pratiques de traitement des données. Cette stratégie doit exprimer à la fois les principes éthiques et les comportements attendus en matière de données, exprimés dans des déclarations de valeurs et un code de comportement éthique.

Éthique des données

Identification
- Exigences démographique
- Méthode de sélection

Ceuillette
- Contenu requis
- Méthode de ceuillette
- Activités
- Sentiment
- Endroit
- Date et heure
- Jeux de données croisés
- Validation légale et éthique

Résultats
- Droits octroyés ou refusés
- Obligations futures
- Retrait des relations
- Bénéfices ou sanctions
- Confiance ou non
- Traitement biaisé

ID/Analyses/Science des données
- Profilage des candidats
- Activités courantes et futures

Risques éthiques pour un projet d'analyse

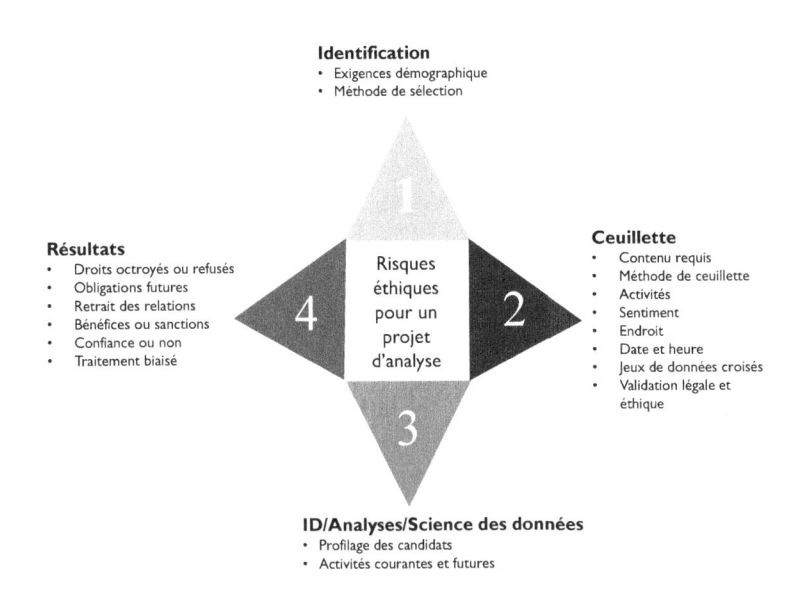

Figure 7: Modèle de gestion des risques associés à l'éthique (DMBOK2, p. 64)

CE QUE VOUS DEVEZ RETENIR

- Les organisations doivent traiter les données de manière éthique, sinon elles risquent de perdre la confiance de leurs clients, employés, partenaires et autres parties prenantes.

- L'éthique des données repose sur des principes fondamentaux et des impératifs éthiques.

- La réglementation relative aux données est fondée sur ces mêmes principes et impératifs, mais la réglementation ne peut pas couvrir toutes les éventualités. Les organisations doivent donc rendre compte de l'éthique de leur propre comportement.

- Les organisations doivent cultiver une culture de responsabilité éthique pour les données qu'elles traitent, non seulement pour s'assurer qu'elles sont conformes aux lois, mais aussi parce que c'est la bonne chose à faire.

- En fin de compte, le traitement éthique des données procure un avantage concurrentiel, car il est à la base de la confiance.

CHAPITRE 5

Gouvernance des données

Par un malheureux accident de l'histoire, le terme « gestion des données » a été utilisé à l'origine pour décrire le travail des administrateurs de bases de données (DBA) et d'autres personnes hautement techniques pour s'assurer que les données contenues dans ces grandes banques de données étaient disponibles et accessibles. Il est encore fortement associé à ces activités. Le terme *gouvernance des données* a été introduit, en partie, pour préciser que la gestion des données va au-delà de la gestion des bases de données. Plus important encore, la gouvernance des données décrit les processus par lesquels les organisations prennent des décisions sur les données, décisions qui doivent être appliquées par des individus dans toute l'entreprise.

Dans la plupart des entreprises, les données circulent horizontalement, entre les différents secteurs d'activité. Si une organisation veut exploiter efficacement ses données à travers tous ses processus, elle doit établir des cadres et des politiques communs pour prendre des décisions cohérentes sur les données dans tous les secteurs verticaux. La gouvernance des données devrait jouer un rôle très similaire à la gouvernance financière au sein d'une organisation.

La *gouvernance des données* (GD) est définie comme l'exercice de l'autorité et du contrôle (par exemple, la planification, la surveillance et l'application) sur la gestion des actifs de données. Les activités de gouvernance aident à contrôler le développement et l'utilisation des données. Elles réduisent également les risques associés aux données et permettent à une organisation d'exploiter ses données de manière stratégique.

Toutes les organisations prennent des décisions concernant les données, qu'elles disposent ou non d'une fonction formelle de GD. Celles qui mettent en place un programme formel de GD exercent leur autorité et leur contrôle avec plus d'intentionnalité et de cohérence.[22] Ces organisations sont mieux à même d'accroître la valeur qu'elles dégagent de leurs actifs informationnels.

Ce chapitre va :

- Définir la gouvernance des données et discuter de son importance;
- Examiner les différents modèles d'organisation des fonctions de gouvernance des données;
- Discuter des activités de gouvernance des données, y compris l'intendance des données, et de la manière dont elles contribuent à l'organisation.

LA GOUVERNANCE DES DONNÉES EN TANT QUE SURVEILLANCE

La fonction de gouvernance des données guide toutes les autres fonctions de gestion des données. L'objectif de la gouvernance des données est de s'assurer que les données sont gérées correctement, conformément aux politiques et aux meilleures pratiques.[23] Une analogie courante consiste à assimiler la gouvernance des données à l'audit et à la comptabilité. Les auditeurs et les contrôleurs fixent les

---

[22] Seiner, 2014.

[23] Ladley, 2012.

règles de gestion des actifs financiers. Les professionnels de la gouvernance des données fixent les règles de gestion des actifs informationnels. D'autres secteurs exécutent ces règles. Dans un cas comme dans l'autre, la gouvernance des données n'est pas une opération ponctuelle ; cette fonction de surveillance doit être maintenue après sa mise en place (voir le figure 8). Les principes de la gouvernance des données doivent être intégrés au cycle de vie de la gestion des données et aux activités fondamentales (voir la figure 1). Programme permanent, la gouvernance des données exige un engagement continu pour garantir qu'une organisation dégage de la valeur de ses données et réduit les risques liés aux données.

Alors que la motivation de la gestion des données en général est de s'assurer qu'une organisation dégage de la valeur de ses données, la gouvernance des données se concentre sur la façon dont les décisions sont prises à propos des données et sur la façon dont les personnes et les processus sont censés se comporter par rapport aux données. La portée et l'orientation d'un programme particulier de gouvernance des données dépendront des besoins de l'organisation. Pour atteindre ces objectifs, la plupart des programmes de gouvernance des données comprennent :

- **Supervision :** S'assurer que tous les domaines fonctionnels de la gouvernance des données suivent les principes directeurs pour le bien de l'entreprise.

- **Stratégie :** Définir, communiquer et diriger l'exécution de la stratégie de données et de la stratégie de gouvernance des données.

- **Politique :** Définir et appliquer les politiques relatives à la gestion, à l'accès, à l'utilisation, à la sécurité et à la qualité des données et des métadonnées.

- **Normes et qualité :** Définir et faire respecter les normes de qualité et d'architecture des données.

- **L'intendance** : Fournir une observation pratique, un audit et les corrections dans les domaines clés de la qualité, de la politique et de la gestion des données.

- **Conformité** : S'assurer que l'organisation peut répondre aux exigences de conformité réglementaire liées aux données.

- **Gestion des problèmes** : Identifier, définir, escalader et résoudre les problèmes liés à la sécurité, à l'accès, à la qualité des données, à la conformité réglementaire, à la propriété des données, aux politiques, aux normes, à la terminologie ou aux procédures de gouvernance des données.

- **Projets de gestion des données** : Parrainer les efforts visant à améliorer les pratiques de gestion des données.

- **Évaluation des actifs de données** : Définir des normes et des processus pour définir de manière cohérente la valeur commerciale des actifs de données.

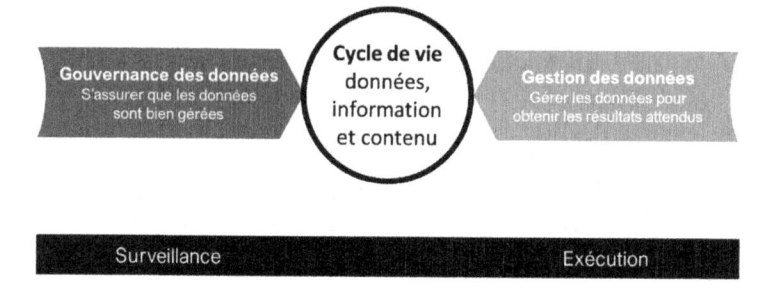

Figure 8: Gouvernance des données / gestion des données (DMBOK2, p. 72)

Pour atteindre ces objectifs, un programme de gouvernance des données articulera des principes, développera des politiques et des procédures, cultivera des pratiques de gestion des données à plusieurs niveaux au sein de l'organisation et s'engagera dans des efforts de gestion du changement organisationnel qui communiqueront activement à l'organisation les avantages d'une meilleure gouvernance des données et les comportements nécessaires pour gérer avec succès les données comme un actif tout au long de leur cycle de vie (voir la figure 9).

PLANIFIER : Lier les exigences de données à la stratégie d'entreprise

CONCEVOIR et METTRE EN PLACE : S'assurer que les politiques sont publiées pour l'utilisation appropriée des données

CRÉER / OBTENIR : S'assurer que les méthodes approuvées sont utilisées pour la création ou l'obtention des données

STOCKER / MAINTENIR : S'assurer que l'entreposage des données est conforme aux politiques et exigences réglementées

AMÉLIORER : Permettre à l'organisation d'identifier et de prendre avantage d'opportunités pour augmenter la valeur de ses données

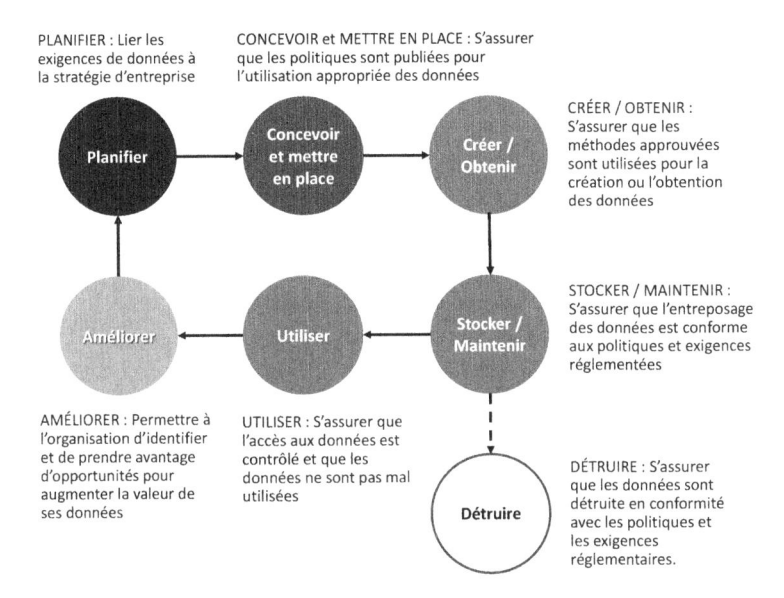

UTILISER : S'assurer que l'accès aux données est contrôlé et que les données ne sont pas mal utilisées

DÉTRUIRE : S'assurer que les données sont détruite en conformité avec les politiques et les exigences réglementaires.

Figure 9: La gouvernance des données dans leur cycle de vie (adaptée de DMBOK2, p. 29)

De nombreux programmes de gouvernance planifient leur feuille de route sur la base d'un modèle de maturité des capacités qui leur permet de se développer et d'améliorer leurs pratiques (voir chapitre 3). Pour la plupart des organisations, l'adoption d'une gouvernance des données formelle nécessite le soutien de la gestion du changement organisationnel, ainsi que le parrainage d'un dirigeant de niveau exécutif, comme le directeur de la gestion des risques, le directeur financier ou le directeur des données.

MOTIVATIONS COMMERCIALES DE LA GOUVERNANCE DES DONNÉES

Le déclencheur le plus courant de la gouvernance des données est la conformité réglementaire, en particulier pour les secteurs fortement réglementés, tels que les services financiers et les soins de santé. Répondre à l'évolution de la législation exige des processus stricts de gouvernance des données. L'explosion de l'analytique avancée et de la science des données a créé une raison supplémentaire de mettre en œuvre des structures de gouvernance.

Alors que la conformité ou l'analyse peuvent être à l'origine de la gouvernance, de nombreuses organisations se tournent vers la gouvernance des données par le biais d'un programme de gestion de l'information motivé par d'autres besoins commerciaux, tels que la gestion des données maîtres (GDM), par des problèmes de données majeurs, ou les deux. Un scénario typique : une entreprise a besoin de meilleures données clients, elle choisit de développer le GDM client, puis elle se rend compte qu'un GDM réussi nécessite une gouvernance des données.

La gouvernance des données n'est pas une fin en soi. Elle doit s'aligner directement sur la stratégie de l'organisation. Plus elle contribue clairement à résoudre les problèmes de l'organisation, plus les gens seront susceptibles de changer de comportement et d'adopter des pratiques de gouvernance. Les objectifs de la gouvernance des données sont le plus souvent axés sur :

- **Réduire les risques**, tels que ceux liés à la conformité, à la réputation générale de l'organisation ou à la sécurité et à la confidentialité des données.

- **Améliorer les processus**, notamment la capacité à se conformer à la réglementation, à gérer les fournisseurs, à servir les clients et à fonctionner efficacement.

CARACTÉRISTIQUES D'UN PROGRAMME DE GOUVERNANCE DES DONNÉES

En définitive, l'objectif de la gouvernance des données, comme celui de la gestion des données en général, est de permettre à une organisation de gérer les données comme un actif. La gouvernance des données fournit les principes, la politique, les processus, le cadre, les mesures et la supervision nécessaires pour gérer les données comme un actif et pour guider les activités de gestion des données à tous les niveaux. Pour atteindre cet objectif global, un programme de gouvernance des données doit être :

- **Durable** : La gouvernance des données est un processus continu qui nécessite un engagement organisationnel. La gouvernance des données nécessite des changements dans la façon dont les données sont gérées et utilisées. Cela signifie qu'il faut gérer le changement d'une manière qui soit durable au-delà de la mise en œuvre initiale de tout composant de gouvernance des données.

- **Intégré** : La gouvernance des données n'est pas un processus complémentaire. Ses activités doivent être intégrées dans les activités de développement des logiciels, l'utilisation des données pour l'analyse, la gestion des données maîtres et la gestion des risques.

- **Mesuré** : Une bonne gouvernance des données a un impact financier positif, mais pour démontrer cet impact, il faut connaître le point de départ et planifier une amélioration mesurable.

La mise en œuvre d'un programme de gouvernance des données nécessite un engagement en faveur du changement. Les principes suivants, développés depuis le début des années 2000, peuvent aider à établir une base solide pour la gouvernance des données :[24]

- **Leadership et stratégie :** Une gouvernance des données réussie commence par un leadership visionnaire et engagé qui soutient la stratégie commerciale de l'entreprise.

- **Orientée métier :** La gouvernance des données est un programme d'entreprise qui doit régir les décisions informatiques liées aux données autant qu'il régit l'utilisation commerciales des données.

- **Une responsabilité partagée :** La gouvernance des données est une responsabilité partagée entre les responsables des

---

[24] Consulter le site *The Data Governance Institute* au https://bit.ly/1ef0tnb.

données d'entreprise et les professionnels de la gestion technologique des données.

- **Multicouches :** La gouvernance des données intervient à la fois au niveau de l'entreprise et au niveau local, et souvent à des niveaux intermédiaires.

- **Basée sur un cadre :** Comme les activités de gouvernance des données nécessitent une coordination entre les domaines fonctionnels, le programme de gouvernance des données doit établir un cadre opérationnel qui définit les responsabilités et les interactions.

- **Basée sur des principes :** Les principes directeurs sont le fondement des activités de gouvernance des données, et surtout de la politique de gouvernance des données.

Le mot clé de la gouvernance est « gouverner ». La gouvernance des données peut être comprise en termes de gouvernance politique. Elle comprend :

- **Fonctions législatives** : Définir les politiques, les normes et l'architecture des données de l'entreprise.

- **Fonctions judiciaires** : Gestion et escalade des problèmes.

- **Fonctions exécutives** : Protéger et servir, responsabilités administratives.

Pour mieux gérer les risques, la plupart des organisations adoptent une forme représentative de gouvernance des données, afin que toutes les parties prenantes puissent être entendues.

Modèles de gouvernance des données

Chaque organisation doit adopter un modèle de gouvernance qui soutient sa stratégie commerciale et qui est susceptible de réussir dans son propre contexte culturel. Les modèles différent en ce qui concerne leur structure organisationnelle, leur niveau de formalité et leur approche face à la prise de décision. Certains modèles sont organisés de manière centralisée, tandis que d'autres sont distribués. Tous les modèles nécessitent un certain degré de flexibilité. Les organisations doivent également être prêtes à faire évoluer leur modèle pour relever de nouveaux défis et s'adapter à l'évolution de la culture organisationnelle.

Les organisations de gouvernance des données peuvent également avoir plusieurs couches pour répondre aux préoccupations à différents niveaux au sein d'une entreprise – local, divisionnaire et à l'échelle de l'entreprise. Le travail de gouvernance est souvent réparti entre plusieurs comités, chacun ayant un objectif et un niveau de surveillance différents des autres. Ce travail doit être coordonné pour que l'organisation puisse bénéficier de la synergie entre les différents éléments.

La figure 10 représente un modèle générique de gouvernance des données. Ce modèle implique des activités à différents niveaux de l'organisation (comme indiqué sur l'axe vertical : local, divisionnaire, entreprise), ainsi qu'une séparation des responsabilités de gouvernance au sein des fonctions organisationnelles et entre les activités (côté gauche) et la technique/TI (côté droit).

Une grande partie du travail de gouvernance des données est effectuée au niveau de la base, par les intendants des données qui sont associés via un bureau de gouvernance des données. Les responsables peuvent travailler à temps plein ou à temps partiel. Ils seront responsables de différents types de données en fonction des besoins de l'organisation. Ils dirigent souvent des groupes de travail spécialisés ou fonctionnels qui rendent compte à un conseil de gouvernance des données. Au niveau de l'entreprise, de nombreuses organisations disposent d'un comité directeur de gouvernance des données au niveau de la direction. Le comité de pilotage aide à faire appliquer les directives dans l'ensemble de l'entreprise et sert de point d'escalade.

Du côté de l'informatique, le travail est souvent réparti en programmes avec divers projets, mis en œuvre par des équipes de projet, et en responsabilités opérationnelles qui sont assumées par des services de gestion des données ou des équipes de soutien à la production/opérations. Un certain niveau de gérance est également nécessaire du côté informatique. La plupart des organisations auront besoin de structures de gouvernance, tant du côté des entreprises que du côté de l'informatique, ainsi que d'une fonction de surveillance. Les différentes parties de l'organisation chargées des activités de gouvernance doivent collaborer activement et se coordonner. La figure 11 montre comment ce type de modèle peut être mis en œuvre de différentes manières, en fonction des besoins et des contraintes de l'organisation.

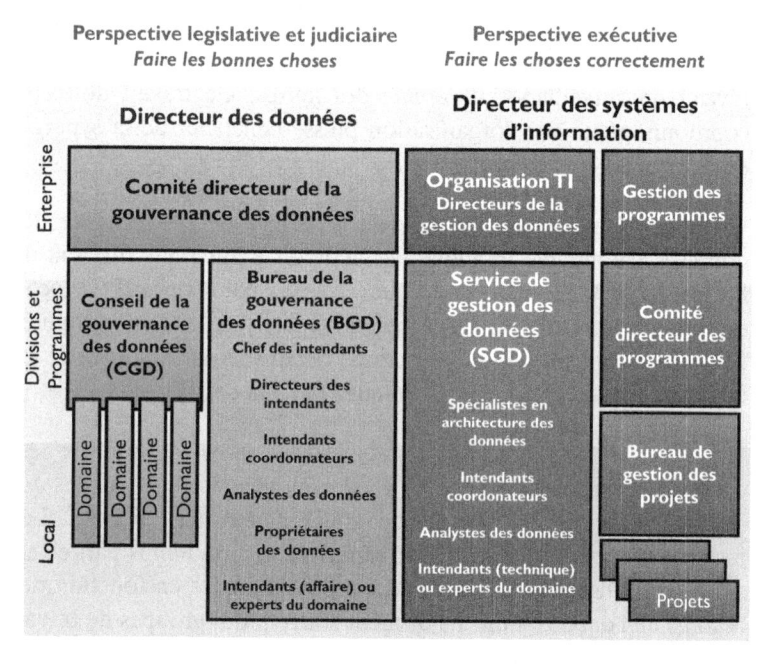

Figure 10: **Composantes de l'organisation de la gouvernance des données à différents niveaux organisationnels (DMBOK2, p. 74)**

Les choix organisationnels en matière de gouvernance des données dépendent de la structure existante de l'entreprise, des objectifs de la gouvernance des données et de la disposition de l'organisation vis-à-vis la centralisation et la collaboration. Dans un modèle centralisé, une organisation de gouvernance des données supervise toutes les activités dans tous les domaines. Dans un modèle répliqué, le même modèle de fonctionnement et les mêmes normes de la GD sont adoptés par chaque unité opérationnelle. Dans un modèle fédéré, une organisation de gouvernance des données coordonne avec plusieurs unités d'affaires pour maintenir des définitions et des normes cohérentes.

Centralisé

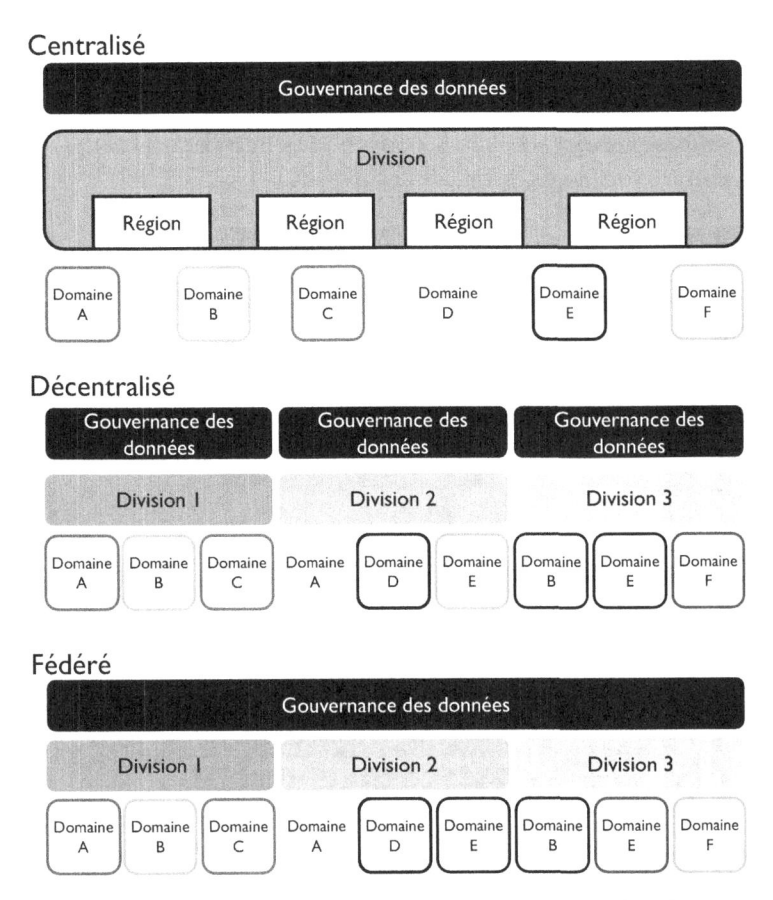

Décentralisé

Fédéré

Figure 11: **Exemples de cadre opérationnel de gouvernance des données d'entreprise (DMBOK2, p. 75)**[25]

En plus d'organiser les personnes pour la gouvernance des données, il est également utile d'établir un modèle opérationnel qui définit l'interaction entre l'organisation de la gouvernance et les personnes responsables des projets ou initiatives de gestion des données, l'engagement des activités de gestion du changement pour

---

[25] Adapté de Ladley (2012).

introduire ce nouveau programme, et le modèle de résolution des problèmes par la gouvernance. La figure 12 illustre un exemple que vous pouvez adapter pour répondre aux exigences et correspondre à la culture de votre organisation. Quelle que soit votre situation, plusieurs facettes resteront les mêmes. Les fonctions exécutives assurent la supervision. Le BGD travaille au sein de domaines. Les politiques sont transmises aux échelons inférieurs et les problèmes sont transmis aux échelons supérieurs. Les intendants et les parties prenantes sont engagés à plusieurs niveaux.

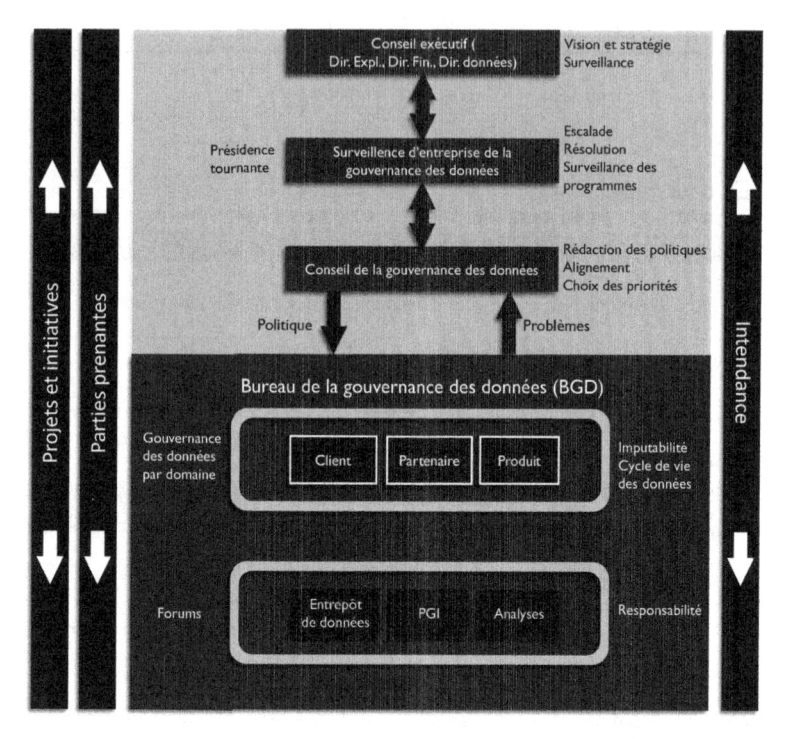

Figure 12: **Exemple de modèle opérationnel de gouvernance des données (DMBOK2, p. 83)**

INTENDANCE DES DONNÉES

L'intendance des données est l'un de ces concepts que les gens ne comprennent pas toujours. Un *intendant* est une personne dont le travail consiste à gérer les biens d'une autre personne. Les intendants de données gèrent les actifs de données au nom d'autres personnes et dans le meilleur intérêt de l'organisation.[26] Ce concept est né de la reconnaissance du fait que, dans toute organisation, il y a toujours eu des personnes qui ont une expertise en matière de données et qui se soucient sincèrement de la manière dont l'organisation conserve les données et les rend disponibles pour l'utilisation. À mesure que l'importance des données s'est accrue, la reconnaissance officielle de cette fonction d'intendance s'est également développée..

Les intendants des données représentent les intérêts de toutes les parties prenantes et doivent adopter une perspective d'entreprise pour garantir que l'ensemble des données sont de haute qualité et peuvent être utilisées efficacement. Les intendants de données efficaces sont responsables des activités de gouvernance des données et consacrent une partie de leur temps à ces activités. Ce terme désigne à la fois les intendants informels – ces personnes très utiles dans chaque organisation qui permettent aux autres de réussir; et les intendants formels – ceux dont le titre comporte le terme "intendant des données".

La nature des activités d'intendance varie d'une organisation à l'autre, en fonction de la stratégie et de la culture de l'organisation, des problèmes qu'elle tente de résoudre, de son niveau de maturité en matière de gestion des données et de la formalité de son programme d'intendance. Cependant, dans la plupart des cas, les activités d'intendance des données seront axées sur certains des éléments suivants, sinon tous :

- **Création et gestion des métadonnées de base :**
  Normalisation, définition et gestion de la terminologie métier, des valeurs de données valides et autres métadonnées critiques. Les intendants sont souvent responsables du glossaire commercial d'une organisation, qui devient le système d'enregistrement des termes métiers liés aux données.

---

[26] McGilvray, 2008.

- **Documentation des règles et des normes :** Définition et documentation des règles métier, des normes de données et des règles de qualité des données. Les attentes utilisées pour définir des données de haute qualité sont souvent formulées en termes de règles ancrées dans les processus métier qui créent ou consomment les données. Les intendants contribuent à faire apparaître et à affiner ces règles afin de s'assurer qu'elles font l'objet d'un consensus au sein de l'organisation et qu'elles sont utilisées de manière cohérente.

- **Gérer les problèmes de qualité des données :** Les intendants sont souvent impliqués dans l'identification, la priorisation et la résolution des problèmes liés aux données ou dans la coordination du processus de résolution.

- **Exécuter les activités opérationnelles de gouvernance des données :** Les intendants sont chargés de veiller à ce que les politiques et initiatives de gouvernance des données soient respectées, au jour le jour et d'un projet à l'autre. Ils doivent influencer les décisions afin de garantir que les données sont gérées de manière à soutenir les objectifs généraux de l'organisation.

INSTAURER LA GOUVERNANCE DES DONNÉES

La gouvernance des données permet de partager la responsabilité des décisions liées aux données. Les activités de gouvernance des données transcendent les frontières de l'organisation et des systèmes afin de favoriser une vision intégrée des données. Une gouvernance des données réussie exige une compréhension claire de ce qui est gouverné et de qui est gouverné, ainsi que de qui gouverne.

Quelle que soit la manière dont elles sont organisées, les équipes de gouvernance des données réalisent des activités similaires. Avant de mettre en place le programme, l'équipe de gouvernance des données doit comprendre l'état actuel de la stratégie, de la culture et des défis spécifiques de l'organisation en matière de données. L'objectif de cette évaluation est de définir ce que la gouvernance des données signifie pour l'organisation et d'établir une stratégie de gouvernance des données.

Les évaluations initiales sont susceptibles de comprendre :

- **Évaluation de la maturité de la gestion des données :** Déterminez dans quelle mesure l'entreprise utilise les personnes, les processus et la technologie pour gérer et valoriser ses données. Cette évaluation peut aider à déterminer les niveaux de gérance formelle et informelle, les normes existantes, etc. et à identifier les possibilités d'amélioration.

- **Évaluation de la capacité de changement :** Déterminer la capacité de l'organisation requise pour adopter les comportements nécessaires à une gouvernance des données réussie. Identifier les obstacles potentiels à un programme de gouvernance.

- **Préparation à la collaboration :** Caractériser la capacité de collaboration des services de l'organisation pour agir et prendre des décisions cohérentes et globales sur les données.

- **Alignement sur la stratégie :** Évaluer dans quelle mesure l'organisation aligne sa gestion des données sur la stratégie de l'entreprise. Identifiez les points de contact organisationnels critiques pour l'organisation de la gouvernance des données (par exemple, approvisionnement, budget/financement, conformité réglementaire, normes de développement logiciel).

- **Analyse de la qualité des données :** Identifier les données critiques et les points sensibles des données existantes afin de fournir un aperçu des problèmes et des risques associés aux données et aux processus commerciaux.

- **Évaluation de la conformité réglementaire :** Comprendre la relation entre les risques liés aux données et les exigences de conformité et la manière dont ils sont actuellement gérés. Identifier les contrôles et la surveillance qui pourraient améliorer la capacité de l'organisation à se conformer aux réglementations.

Les évaluations initiales contribuent à l'analyse de rentabilité de la gouvernance des données. Les évaluations de la maturité, de la qualité des données et de la conformité doivent permettre d'identifier des points de départ concrets pour l'amélioration, mais l'approche globale doit être guidée par une stratégie qui définit la portée et l'approche des efforts de GD par rapport aux objectifs de l'entreprise. La stratégie doit être définie par :

- Une charte qui définit les objectifs et les principes;

- Un cadre opérationnel avec des responsabilités;

- Une feuille de route de mise en œuvre et un plan pour le succès opérationnel qui décrit :
    o L'état cible des activités de gouvernance des données et la manière dont elles seront intégrées dans les processus commerciaux et informatiques standard;
    o la série de départ d'initiatives visant à améliorer les capacités de gestion des données et la qualité des données;
    o Les avantages attendus de ce travail à l'échelle de l'entreprise;
    o Les mesures permettant de démontrer ces avantages.

Une fois que la stratégie est définie et que l'équipe commence à travailler, elle exécutera la stratégie en :

- Définissant des politiques;

- Souscrivant à des projets d'amélioration des données;

- S'engageant dans la gestion du changement pour éduquer le personnel et favoriser l'adoption des comportements souhaités;

- Gérant les problèmes et les conflits qui peuvent survenir au cours du processus de mise en œuvre.

GOUVERNANCE DES DONNÉES DURABLE

Comme décrit dans l'introduction du chapitre, la fonction de gouvernance des données guide la gestion des données en établissant des politiques et des meilleures pratiques pour gérer les actifs informationnels et en assurant une supervision continue de leur mise en œuvre. Comme ces pratiques doivent être mises en œuvre par d'autres secteurs, les principes de gouvernance des données doivent être intégrés dans le cycle de vie de la gestion des données et dans les activités fondamentales.

Un programme de gouvernance des données réussi doit :

- Établir une stratégie qui s'aligne sur la stratégie de l'entreprise et la soutient;
- Définir et appliquer des politiques qui régissent les comportements basés sur les principes de gestion des données.
- Définir des normes pour la qualité des données;
- Assurer la gérance des données critiques
- S'assurer que l'organisation se conforme aux réglementations relatives aux données;
- Gérer les problèmes liés aux aspects des données et de la gouvernance elle-même.

Un programme de GD réussi fera aussi progresser l'organisation dans la courbe de maturité de la gestion des données en :

- Parrainant des projets de gestion des données;
- Normalisant l'évaluation des actifs de données;
- S'engageant dans une communication continue sur les comportements nécessaires pour tirer profit des données.

LE DIRECTEUR DES DONNÉES

La plupart des entreprises reconnaissent, à un certain niveau, que les données constituent un actif précieux pour l'entreprise. Au cours de la dernière décennie, certaines ont nommé des directeurs des données[27] (CDO) afin de combler le fossé entre la technologie et l'entreprise et d'évangéliser une stratégie de gestion des données à l'échelle de l'entreprise à un niveau supérieur. Ce rôle est en plein essor. Le magazine Forbes a rapporté en janvier 2018 que plus de 60 % des entreprises du Fortune 1000 ont un CDO[28].

Bien que les exigences et les fonctions d'un CDO soient spécifiques à la culture, à la structure organisationnelle et aux besoins commerciaux de chaque entreprise, de nombreux CDO jouent à la fois le rôle de stratège commercial, de conseiller, d'intendant de la qualité des données et d'ambassadeur de la gestion des données en général.

En 2014, Dataversity a publié une étude décrivant les mandats courants d'un CDO[29]. Ceux-ci incluent :

- Établir une stratégie organisationnelle en matière de données;

- Aligner les exigences de données avec les ressources informatiques et commerciales disponibles;

- Établir des normes, des politiques et des procédures de gouvernance des données

- Fournir des conseils (et peut-être des services) à l'entreprise pour les initiatives concernant les données, telles que l'analytique, les mégadonnées, la qualité des données et les technologies de données;

- Sensibiliser les parties prenantes internes et externes à l'importance des principes de bonne gestion de l'information;

---

[27] NDT : *Chief Data Officer*. Dans le texte, on conserve l'abréviation CDO.

[28] Voir Randy Bean, « *The Chief Data Officer Dilemna* ». Forbes.com, 29 janvier 2018. https://bit.ly/2J8ahVZ.

[29] Dataversity.com

- Assurer la supervision de l'utilisation des données dans l'analytique et l'informatique décisionnelle.

Quel que soit le secteur d'activité, il est courant qu'une organisation de gestion des données relève du CDO. Dans un modèle de fonctionnement décentralisé, le CDO est responsable de la stratégie en matière de données, mais les ressources informatique, opérationnelles ou d'autres secteurs d'activité exécutent cette stratégie. Certains BGD sont établis au départ avec le CDO qui ne fait que déterminer la stratégie, et au fil du temps, d'autres aspects de la gestion, de la gouvernance et de l'analyse des données sont regroupés sous l'égide du CDO à mesure que des gains d'efficacité et des économies d'échelle sont identifiés.

GOUVERNANCE DES DONNÉES ET ENGAGEMENT DES DIRIGEANTS

Plus que tout autre aspect de la gestion des données, la gouvernance des données nécessite l'engagement des gestionnaires et le parrainage de la direction. Les obstacles potentiels à la réussite sont nombreux. La gouvernance consiste à amener les gens à se comporter différemment vis-à-vis des données. Changer les comportements est un défi, en particulier pour les initiatives à l'échelle de l'entreprise. Et la gouvernance, quelle qu'elle soit, peut être perçue comme une imposition, plutôt que comme un moyen d'améliorer les processus et de favoriser la réussite. Mais si vous vous renseignez sur la manière dont les données soutiennent votre stratégie commerciale, vous verrez et adhérerez rapidement aux avantages de la gouvernance des données :

- Prendre des décisions sur les données dans le contexte de la stratégie globale de l'entreprise est plus logique que de prendre ces décisions au cas par cas.

- Décrire le comportement attendu vis-à-vis des données dans les politiques de gouvernance établit des directives claires pour les employés et les autres parties prenantes.

- Définir les données une fois et les définir de manière cohérente permet d'économiser du temps, des efforts et des changements organisationnels.

- L'établissement et l'application de normes de données constituent un moyen efficace de définir et d'améliorer la qualité des données les plus critiques de l'organisation.

- La réduction des risques liés à la protection des données permet d'éviter les fuites de données et est bénéfique pour la réputation et les résultats de l'entreprise.

CE QUE VOUS DEVEZ RETENIR

- La gouvernance des données est un programme permanent qui permet de superviser toutes les autres tâches de gestion des données, en articulant la stratégie, en établissant des cadres, en définissant des politiques et en permettant l'utilisation des données dans tous les secteurs verticaux.

- La gouvernance des données n'est pas une fin en soi. C'est un moyen d'atteindre les objectifs de l'entreprise.

- La façon dont la gouvernance des données est organisée dépend des objectifs du programme de gouvernance des données et de la culture de l'organisation.

- La gouvernance des données aide les organisations à relever les défis de la gestion des données en alignant les activités et les comportements sur les principes de la gestion des données, ainsi que sur les principes directeurs établis pour soutenir la stratégie commerciale de l'organisation.

- La gouvernance des données nécessite l'engagement des dirigeants. Cet engagement permettra également aux autres fonctions de la gestion des données d'être plus performantes.

Chapitre 6

Planification et conception dans le cycle de vie des données

Les activités du cycle de vie des données se concentrent sur la planification et la conception des données, l'utilisation et la maintenance des données, dans le but de valoriser les données pour atteindre les objectifs organisationnels (voir la figure 1). Les spécialistes en architecture de données et les modélisateurs de données planifient et conçoivent les données.

Ce chapitre décrira :

- Le rôle de l'architecture d'entreprise dans la planification et la conception de l'organisation;

- La fonction critique de l'architecture de données dans la gestion des données;

- Les objectifs et les artefacts associés à la modélisation des données.

ARCHITECTURE D'ENTREPRISE

L'architecture désigne une disposition organisée d'éléments constitutifs visant à optimiser la fonction, la performance, la faisabilité, le coût et l'esthétique d'une structure ou d'un système global. Le terme architecture a été adopté pour décrire plusieurs facettes de la conception des systèmes d'information. Même dans les petites organisations, les technologies de l'information sont complexes. Les artefacts et la documentation architecturaux qui décrivent les systèmes et les flux de données montrent aux gens comment les systèmes, les processus et les données fonctionnent ensemble. Une approche stratégique de l'architecture permet à une organisation de prendre de meilleures décisions concernant ses systèmes et ses données.

La pratique de l'architecture s'effectue à différents niveaux au sein d'une organisation (notamment entreprise, domaine ou projet) et avec différents domaines d'intérêt (par exemple, infrastructure, application ou données). Le tableau 1 décrit et compare les domaines architecturaux. Les concepteurs[30] de différents domaines doivent aborder les exigences de développement en collaboration, car chaque domaine influence les autres domaines.

Une pratique bien gérée de l'architecture d'entreprise peut aider une organisation à comprendre l'état actuel de ses systèmes, à promouvoir les changements souhaitables vers l'état futur, à favoriser la conformité réglementaire et à améliorer l'efficacité. La gestion efficace des données et des systèmes dans lesquels les données sont stockées et utilisées est un objectif commun à toutes les disciplines de l'architecture.

---

[30] NDT : au Québec, le titre architecte est réservé par la loi aux membres en règles de l'ordre des architectes du Québec. Dans cet ouvrage, le titre architecte sera remplacé par concepteur ou spécialiste de l'architecture.

Type d'architecture	Objectifs
Architecture des affaires de l'entreprise	Identifier comment une entreprise crée de la valeur pour ses clients et les autres parties prenantes.
Architecture des données de l'entreprise	Décrire comment les données doivent être organisées et gérées.
Architecture applicative de l'entreprise	Décrire la structure et la fonctionnalité des applications dans une entreprise.
Architecture technologique de l'entreprise	Décrire la technologie physique nécessaire pour permettre aux systèmes de fonctionner et d'apporter de la valeur.

Type d'architecture	Éléments
Architecture des affaires de l'entreprise	Modèles d'entreprise, processus, capacités, services, événements, stratégies et vocabulaire.
Architecture des données de l'entreprise	Modèles de données, définitions de données, spécifications de mappage de données, flux de données, interfaces de données structurées.
Architecture applicative de l'entreprise	Systèmes d'entreprise, progiciels, bases de données.
Architecture technologique de l'entreprise	Plateformes techniques, réseaux, sécurité, outils d'intégration.

Type d'architecture	Interrelations
Architecture des affaires de l'entreprise	Établit les exigences pour les autres domaines.
Architecture des données de l'entreprise	Gérer les données créées et requises par l'architecture d'entreprise.
Architecture applicative de l'entreprise	Agit sur les données spécifiées en fonction des besoins de l'entreprise.
Architecture technologique de l'entreprise	Héberge et exécute l'architecture de l'application.

Type d'architecture	Rôles
Architecture des affaires de l'entreprise	Spécialistes de l'architecture d'entreprise et analystes d'entreprise, intendants des données d'entreprise.
Architecture des données de l'entreprise	Spécialistes de l'architecture des données et modélisateurs, intendants des données.
Architecture applicative de l'entreprise	Spécialistes de l'architecture applicative
Architecture technologique de l'entreprise	Spécialistes de l'architecture technologiques

Tableau 1: Les domaines d'architecture (DMBOK2, p. 101-102)

LE CADRE D'ARCHITECTURE DE ZACHMAN

Un cadre d'architecture est une structure fondamentale utilisée pour développer un large éventail d'architectures connexes. Il fournit une façon de penser et de comprendre l'architecture et représente une « architecture pour l'architecture » globale. Ce que font exactement les concepteurs peut être déroutant pour les personnes qui ne le sont pas et qui ne reconnaissent pas les distinctions impliquées par ces niveaux et domaines d'intérêt. Les cadres architecturaux sont précieux car ils permettent aux non-concepteurs de comprendre les relations (sinon les différences particulières) entre ces concepts.

Le cadre architectural d'entreprise le plus connu, le cadre Zachman, a été développé par John A. Zachman dans les années 1980. Il n'a cessé d'évoluer. Zachman a reconnu que lors de la création d'un bâtiment, d'un avion, d'une entreprise, d'une chaîne de valeur, d'un projet ou d'un système, il y a de nombreuses parties prenantes, et que chacune d'entre elles a une perspective différente de l'architecture. Il a appliqué ce concept aux exigences des différents types et niveaux d'architecture au sein d'une entreprise.

Le cadre Zachman est représenté par une matrice 6x6 qui résume l'ensemble des modèles nécessaires pour décrire une entreprise et les relations entre eux. Il ne définit pas comment créer les modèles. Il montre simplement quels modèles devraient exister (voir la figure 13).

Planification et conception dans le cycle de vie des données 85

	Quoi	Comment	Où	Qui	Quand	Pourquoi	
Direction	Identification de l'inventaire	Identification des processus	Identification de la distribution	Identification des responsabilités	Identification des évènements	Identification des motivations	**Contexte**
Gestion des opérations	Définition de l'inventaire	Définition des processus	Définition de la distribution	Définition des responsabilités	Définition des évènements	Définition des motivations	**Concepts**
Architecture	Représentation de l'inventaire	Représentation des processus	Représentation de la distribution	Représentation des responsabilités	Représentation des évènements	Représentation des motivations	**Logiques des systèmes**
Ingénierie	Conception de l'inventaire	Conception des processus	Conception de la distribution	Conception des responsabilités	Conception des évènements	Conception des motivations	**Technologie**
Technicien	Configuration de l'inventaire	Configuration des processus	Configuration de la distribution	Configuration des responsabilités	Configuration des évènements	Configuration des motivations	**Outils et composants**
Entreprise	Instanciation de l'inventaire	Instanciation des processus	Instanciation de la distribution	Instanciation des responsabilités	Instanciation des évènements	Instanciation des motivations	**Instances opérationnelles**
	Inventaire	Flux des processus	Réseaux de distribution	Responsabilité affectation	Évènements chronologiques	Motivations	

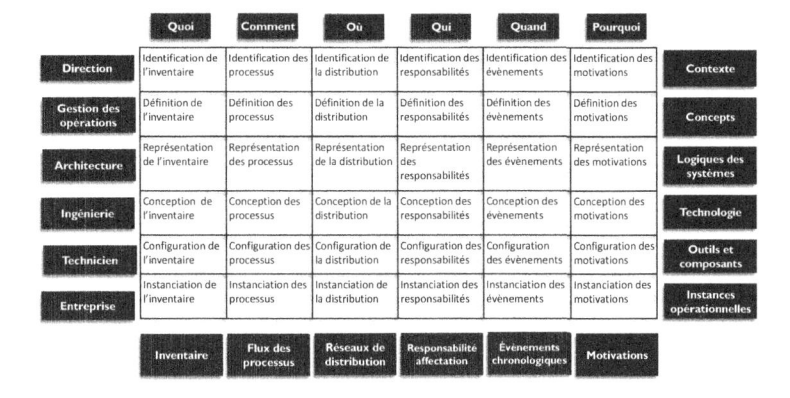

Figure 13: Le cadre d'architecture simplifié de Zachman (DMBOK2, p. 103)

Le cadre Zachman résume les réponses à un ensemble simple de questions (c'est-à-dire quoi, comment, où, qui, quand, pourquoi) qui peuvent être posées par des parties prenantes ayant des perspectives différentes :

- **La perspective de la direction** (contexte commercial) : Listes d'éléments commerciaux définissant la portée dans les *modèles d'identification*.

- **La perspective de la gestion des opérations** (concepts métier) : Clarification des relations entre les concepts commerciaux définis par les dirigeants en tant que propriétaires dans les *modèles de définition*.

- **La perspective du spécialiste en architecture** (logique métier) : Modèles logiques du système détaillant les exigences du système et la conception sans contrainte représentée par les concepteurs dans les *modèles de représentation*.

- **La perspective de l'ingénieur** (physique métier) : Modèles physiques optimisant la conception en vue de la mise en œuvre pour un usage spécifique sous les contraintes d'une technologie, de personnes, de coûts et de délais spécifiques spécifiés par les ingénieurs en tant que constructeurs dans les *modèles de spécification*.

- **La perspective du technicien** (assemblages de composants) : Une vue hors contexte, spécifique à la technologie, de la manière dont les composants sont assemblés et fonctionnent; configurés par les techniciens en tant qu'installateurs dans *les modèles de configuration.*

- **La perspective de l'utilisateur** (classes d'opérations) : Instances de fonctionnement réelles utilisées par les travailleurs en tant que participants. Il n'y a pas de modèles dans cette perspective.

Le cadre identifie ensuite les types d'artefacts d'architecture nécessaires pour répondre à ces questions fondamentales.

ARCHITECTURE DES DONNÉES

L'architecture des données est fondamentale pour la gestion des données. Comme la plupart des organisations disposent de plus de données que les individus sont en mesure d'assimiler, il est nécessaire de représenter les données de l'organisation à différents niveaux d'abstraction afin que les gestionnaires puissent les comprendre et prendre des décisions à leur sujet.

La discipline spécialisée qu'est l'architecture des données peut être abordée sous plusieurs angles :

- **Les résultats de l'architecture de données**, tels que les modèles, les définitions et les flux de données à différents niveaux (généralement appelés artefacts d'architecture de données)

- **Les activités d'architecture de données**, pour former, déployer et réaliser ses intentions.

- **Le comportement de l'architecture de données**, comme les collaborations, les mentalités et les compétences des différents rôles qui l'influencent.

L'architecture de données d'une organisation est décrite par une collection intégrée de documents de conception de base à différents niveaux d'abstraction, y compris les normes qui régissent la manière dont les données sont collectées, stockées, organisées, utilisées et supprimées. Elle est également classifiée par des descriptions de tous les conteneurs et chemins que les données empruntent à travers les systèmes d'une organisation.

Les artefacts de l'architecture de données comprennent les spécifications utilisées pour décrire l'état existant, définir les exigences en matière de données, guider l'intégration des données et contrôler les actifs de données tels que présentés dans une stratégie de données. Le document de conception de l'architecture de données le plus détaillé est un modèle de données d'entreprise formel, contenant des noms de données, des définitions complètes des données et des métadonnées, des entités et des relations conceptuelles et logiques, ainsi que des règles métier. Les modèles de données physiques sont inclus, mais en tant que produit de la modélisation et de la conception des données, plutôt que de l'architecture des données.

L'architecture de données est la plus précieuse lorsqu'elle répond pleinement aux besoins de l'ensemble de l'entreprise. L'architecture de données d'entreprise définit des termes et des conceptions standard pour les éléments qui sont importants pour l'ensemble de l'organisation. La conception d'une architecture de données d'entreprise comprend la représentation des données d'entreprise en tant que telles, ainsi que la collecte, le stockage, l'intégration, le mouvement et la distribution des données. L'architecture de données d'entreprise permet une normalisation et une intégration cohérentes des données dans l'ensemble de l'entreprise.

L'architecture de données doit servir de passerelle entre la stratégie d'entreprise et l'exécution technologique. Dans le cadre de l'architecture d'entreprise, les spécialistes de l'architecture des données :

- Préparent stratégiquement les organisations à faire évoluer rapidement leurs produits, services et données afin de prendre avantage des opportunités commerciales exposées par les technologies émergentes,

- Traduisent les besoins de l'entreprise en exigences de données et de systèmes afin que les processus disposent systématiquement des données dont ils ont besoin;

- Gèrent la livraison de données et d'informations complexes dans l'ensemble de l'entreprise;

- Facilitent l'alignement entre l'entreprise et l'informatique;

- Agissent en tant qu'agents du changement, de la transformation et de l'agilité.

Ces motivations commerciales devraient influencer les mesures de la valeur de l'architecture des données.

LES ARTEFACTS DE L'ARCHITECTURE DES DONNÉES

Lorsque les données circulent au sein d'une organisation par le biais de flux ou d'interfaces, elles sont sécurisées, intégrées, stockées, enregistrées, cataloguées, partagées, rapportées, analysées et transmises aux parties prenantes. En cours de route, les données peuvent être vérifiées, améliorées, liées, certifiées, agrégées, anonymisées et utilisées pour des analyses jusqu'à ce qu'elles soient archivées ou purgées. Les artefacts de l'architecture de données d'entreprise doivent donc inclure des modèles de données d'entreprise (par exemple, des structures de données et des spécifications de données), ainsi que des conceptions de flux de données.

Les spécialistes de l'architecture des données créent et entretiennent des connaissances organisationnelles sur les données et les systèmes dans lesquels elles circulent. Ces connaissances permettent à une organisation de gérer ses données comme un actif et d'accroître la valeur qu'elle en dégage en identifiant les possibilités d'utilisation des données, de réduction des coûts et d'atténuation des risques.

Ces spécialistes cherchent à concevoir de manière à apporter de la valeur à l'organisation. Cette valeur se traduit par une empreinte technique optimale, des efficacités opérationnelles et de projet, et une capacité accrue de l'organisation à utiliser ses données. Pour y parvenir, il faut une bonne conception, une bonne planification et la capacité d'exécuter efficacement ces conceptions et ces plans.

MODÈLE DES DONNÉS D'ENTREPRISE (MDE)

Le MDE est un modèle de données conceptuel ou logique holistique, au niveau de l'entreprise, indépendant de la mise en œuvre, qui fournit une vue commune et cohérente des données dans l'ensemble de l'entreprise. Un MDE comprend les principales entités de données de l'entreprise (c'est-à-dire les concepts métier), leurs relations, les règles métier critiques et certains attributs importants. Il constitue la base de tous les projets de données et de projets liés aux données. Tout modèle de données au niveau du projet doit être basé sur le MDE. Le MDE doit être examiné par les parties prenantes, qui doivent convenir qu'il représente efficacement l'entreprise.

Une organisation qui reconnaît la nécessité d'un modèle de données d'entreprise doit décider du temps et des efforts qu'elle peut consacrer à sa construction. Les MDE peuvent être construits à différents niveaux de détail, la disponibilité des ressources influencera donc la portée initiale. Au fil du temps, à mesure que les besoins de l'entreprise l'exigent, la portée et le niveau de détail capturés dans un MDE se développent. La plupart des MDE réussis sont construits de manière incrémentielle et itérative, en utilisant des couches.

La figure 14 met en relation différents types de modèles, et montre comment les modèles conceptuels peuvent être reliés en fin de compte aux modèles de données des applications physiques. Elle fait la distinction entre :

- Une vue d'ensemble conceptuelle des domaines de l'entreprise;

- Des vues des entités et des relations pour chaque domaine;

- Des vues logiques détaillées, partiellement attribuées, de ces mêmes domaines;

- Des modèles logiques et physiques spécifiques à une application ou à un projet.

Tous les niveaux font partie du modèle de données d'entreprise, et les liens créent des chemins permettant de suivre une entité de haut en bas et entre les modèles d'un même niveau.

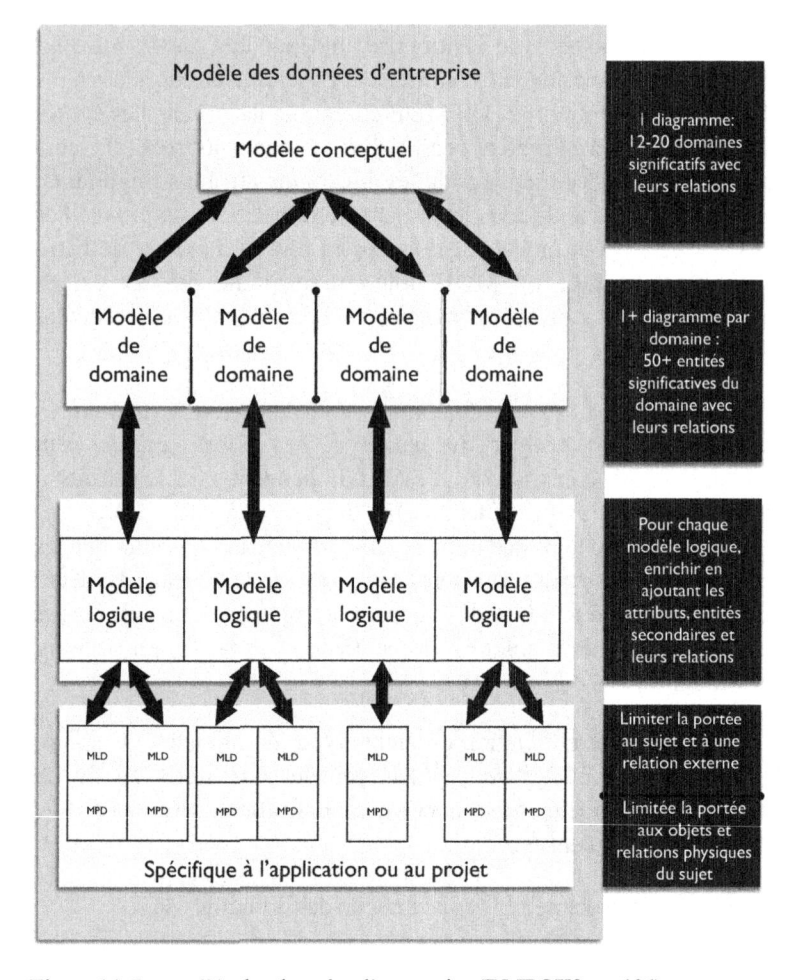

Figure 14: Le modèle des données d'entreprise (DMBOK2, p. 106)

CONCEPTION DES FLUX DE DONNÉES

La conception des flux de données définit les exigences et le plan directeur pour le stockage et le traitement dans les bases de données, les applications, les plateformes et les réseaux (les composants). Ces flux de données cartographient le mouvement des données vers les processus métier, les emplacements, les rôles métier et les composants techniques.

Les flux de données sont un type de documentation sur la traçabilité des données qui décrit comment elles se déplacent dans les processus et les systèmes de l'entreprise. Les flux de données de bout en bout illustrent l'origine des données, leur stockage et leur utilisation, ainsi que leur transformation au cours de leur déplacement à l'intérieur et entre divers processus et systèmes. L'analyse de la traçabilité des données peut aider à expliquer leur état à un point donné du flux de données.

Les flux de données cartographient et documentent les relations entre les données et

- Les applications au sein d'un processus métier;
- Les dépôts de données ou les bases de données dans un environnement;
- les segments de réseau (utiles pour la sécurité);
- Les rôles métiers, décrivant quels rôles sont responsables de la création, de la mise à jour, de l'utilisation et de la suppression des données;
- L'emplacements où se produisent des différences locales.

Les flux de données peuvent être documentés à différents niveaux de détail : domaine, entité commerciale ou même niveau d'attribut. Les systèmes peuvent être représentés par des segments de réseau, des plateformes, des ensembles d'applications communes ou des serveurs individuels. Les flux de données peuvent être représentés par des matrices bidimensionnelles (figure 15) ou dans les diagrammes de flux de données (figure 16).

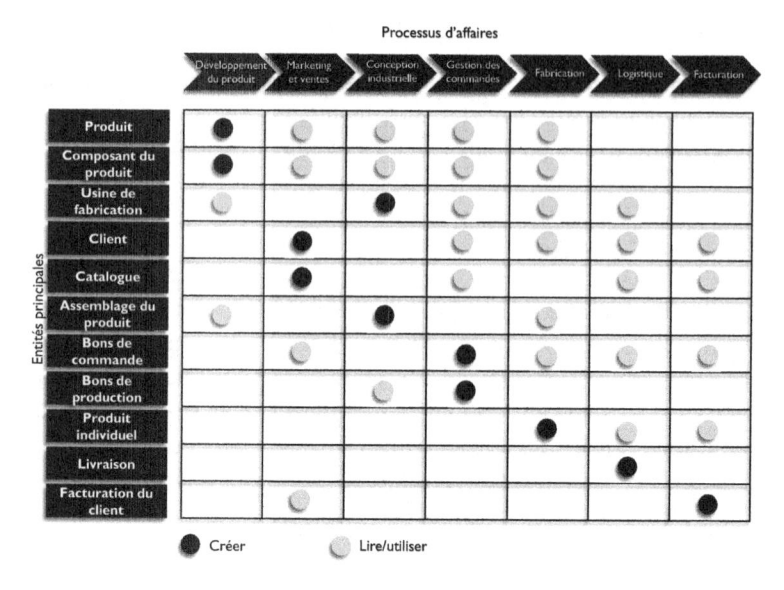

Figure 15: **Flux de données représenté dans une matrice bidimensionnelle (DMBOK2, p. 108)**

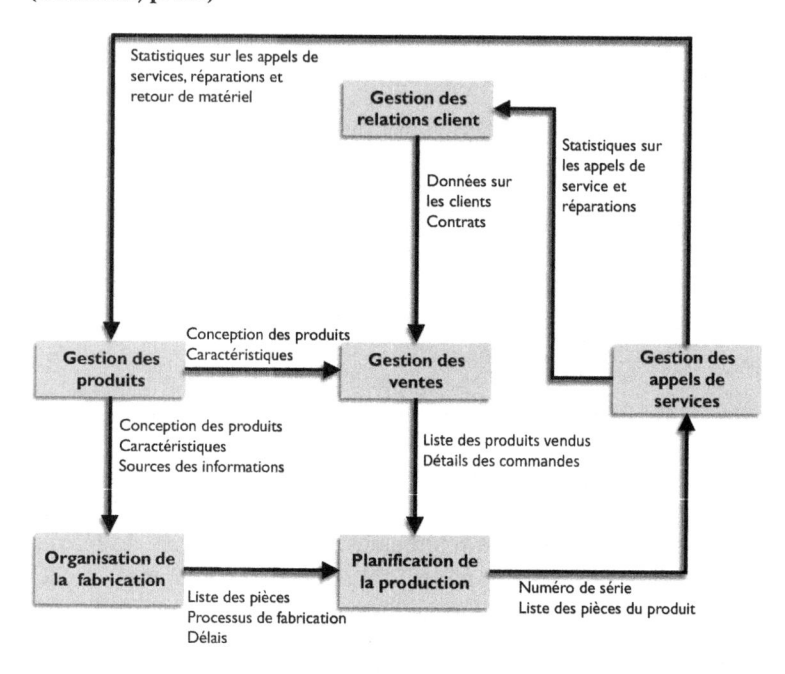

Figure 16: **Exemple de diagramme de flux de données (DMBOK2, p. 109)**

Le modèle de données d'entreprise et la conception du flux de données doivent bien s'accorder. Comme mentionné, les deux doivent être reflétés dans l'état actuel et l'état cible (perspective de l'architecture), ainsi que dans l'état de transition (perspective du projet).

ARCHITECTURE DES DONNÉES POUR LA QUALITÉ DES DONNÉES ET L'INNOVATION

L'architecture des données et l'architecture d'entreprise abordent la complexité de deux points de vue :

- **Orienté qualité :** Se concentrer sur l'amélioration de l'exécution au sein des cycles de développement commercial et informatique. Si l'architecture n'est pas gérée, elle se détériorera. Les systèmes deviendront progressivement plus complexes et inflexibles, créant un risque pour l'organisation. La livraison incontrôlée des données, les copies de données et les relations « spaghetti » des interfaces rendent les organisations moins efficaces et réduisent la confiance dans les données.

- **Orienté vers l'innovation** : Se concentrer sur la transformation de l'entreprise et de l'informatique pour répondre aux nouvelles attentes et opportunités. Le spécialiste en architecture d'entreprise moderne a pour rôle de stimuler l'innovation grâce à des technologies de pointe et à l'utilisation des données.

Ces deux orientations nécessitent des approches distinctes.

- L'approche axée sur la qualité s'aligne sur le travail traditionnel d'architecture des données, où les améliorations de la qualité architecturale sont accomplies progressivement grâce à la connexion du spécialiste de l'architecture des données aux projets. En général, le spécialiste garde à l'esprit l'ensemble de l'architecture et se concentre sur les objectifs à long terme directement liés à la gouvernance, à la normalisation et au développement structuré.

- L'approche orientée vers l'innovation peut avoir une perspective à plus court terme et utiliser une logique commerciale non éprouvée et des technologies de pointe. Cette orientation exige souvent que les spécialistes de l'architecture des données entrent en contact avec des personnes de l'organisation avec lesquelles les professionnels de l'informatique n'ont pas l'habitude d'interagir; par exemple, les représentants du développement de produits et les concepteurs métiers.

Travaillant au sein de l'architecture d'entreprise ou d'une équipe d'architecture de données, les spécialistes de l'architecture de données sont chargés d'élaborer une feuille de route, de gérer les exigences en matière de données d'entreprise dans le cadre de projets et de les intégrer à l'architecture d'entreprise globale. Le succès dépend de la définition et du respect des normes, ainsi que de la création et de la maintenance d'artefacts utiles et utilisables. Une pratique disciplinée de l'architecture peut améliorer l'efficacité et la qualité en créant des solutions réutilisables et extensibles.

MODÉLISATION DES DONNÉES

Un *modèle* est une représentation de quelque chose qui existe ou un gabarit de quelque chose à réaliser. Les cartes, les organigrammes et les plans de construction sont des exemples de modèles utilisés quotidiennement. Les diagrammes de modèles utilisent des symboles standard qui permettent de comprendre leur contenu.

La modélisation des données est le processus de découverte, d'analyse et d'évaluation des exigences en matière de données, puis de représentation et de communication de ces exigences sous une forme précise appelée modèle de données. La modélisation des données est une composante essentielle de la gestion des données. Le processus de modélisation exige que les organisations découvrent et documentent la manière dont leurs données s'assemblent[31]. Les modèles de données permettent à une organisation de comprendre ses actifs informationnels.

Les modèles de données comprennent et contiennent des métadonnées essentielles aux consommateurs de données. Une grande partie de ces métadonnées découvertes au cours du processus de modélisation des données est essentielle à d'autres fonctions de gestion des données. Par exemple, les définitions pour la gouvernance des données et la traçabilité pour l'entreposage et l'analyse des données.

Un modèle de données décrit les données d'une organisation telles que l'organisation les comprend ou telles qu'elle souhaite qu'elles soient. Un modèle de données contient un ensemble de symboles avec des étiquettes qui tentent de représenter visuellement les exigences en matière de données telles qu'elles ont été communiquées au modélisateur de données, pour un ensemble spécifique de données dont la taille peut varier de petite (pour un projet) à grande (pour une organisation).

Le modèle est donc une forme de documentation pour les exigences en matière de données et les définitions de données résultant du processus de modélisation. Les modèles de données sont le principal moyen utilisé pour communiquer les exigences en matière de données de l'entreprise à l'informatique; et au sein de l'informatique, des analystes, modélisateurs et concepteurs aux développeurs de bases de données et programmeurs.

Les modèles de données sont essentiels à la gestion efficace des données car ils :

- Fournissent un vocabulaire commun autour des données;

- Capturent et documentent les connaissances explicites (métadonnées) sur les données et les systèmes;

- Servent d'outil de communication principal pendant les projets;

---

[31] Simsion, 2007.

- Constituent le point de départ de la personnalisation, de l'intégration, voire du remplacement d'une application.

BUT DE LA MODÉLISATION DES DONNÉES

L'objectif de la modélisation des données est de confirmer et de documenter la compréhension des différentes perspectives sur les données. Cette compréhension permet de créer des applications et des données qui correspondent mieux aux exigences actuelles et futures de l'entreprise. Cette compréhension crée également une base pour mener à bien des initiatives de grande envergure telles que la gestion des données maîtres et les programmes de gouvernance des données. Une bonne modélisation des données permet de réduire les coûts de soutien et d'accroître les possibilités de réutilisation pour les initiatives futures, réduisant ainsi les coûts de création de nouvelles applications. En outre, les modèles de données eux-mêmes constituent une forme importante de métadonnées.

Confirmer et documenter la compréhension des différentes perspectives facilite la :

- **Formalisation :** Un modèle de données documente une définition concise des structures et des relations des données. Il permet d'évaluer comment les données sont affectées par les règles métier pour les états actuels ou les états cibles souhaités. La définition formelle impose une structure disciplinée aux données qui réduit la possibilité d'anomalies lors de l'accès aux données et de leur persistance. En illustrant les structures et les relations dans les données, un modèle de données rend les données plus faciles à consommer.

- **Définition de la portée :** Un modèle de données peut aider à expliquer les limites du contexte des données et de la mise en œuvre des progiciels, des projets, des initiatives ou des systèmes existants.

- **Rétention et documentation des connaissances :** Un modèle de données peut préserver la mémoire de l'entreprise concernant un système ou un projet en capturant les connaissances sous une forme explicite. Il sert de documentation pour les projets futurs qui pourront l'utiliser comme la version telle quelle.

Les modèles de données nous aident à comprendre une organisation, un secteur d'activité, une application existante ou l'impact de la modification aux données existante. Le modèle de données devient une carte réutilisable pour aider les professionnels, les chefs de projet, les analystes, les modélisateurs et les développeurs à comprendre la structure des données existante. De la même manière que le cartographe a appris à documenter un paysage géographique pour que d'autres puissent l'utiliser pour la navigation, le modélisateur permet aux autres de comprendre un paysage d'information.[32]

ÉLÉMENTS CONSTITUTIFS DES MODÈLES DE DONNÉES

Il existe de nombreux types de modèles de données, notamment relationnels, dimensionnels, etc. Les modélisateurs utilisent les types de modèles appropriés en fonction des besoins de l'organisation, des données à modéliser et du système pour lequel le modèle est développé. Chaque type de modèle se base sur des conventions visuelles différentes pour capturer les informations.

Les modèles diffèrent également en fonction du niveau d'abstraction des informations qu'ils décrivent (conceptuel avec un niveau d'abstraction élevé, logique avec un niveau d'abstraction moyen et physique qui décrit un système ou une instanciation spécifique des données). Mais les modèles utilisent tous les mêmes éléments de base : entités, relations, attributs et domaines.

En tant que dirigeant de votre organisation, il n'est pas nécessaire que vous soyez capable de lire les modèles de données. Cependant, il est utile que vous compreniez comment ils décrivent les données. Les définitions et les exemples présentés ici vous donnent une idée du fonctionnement des modèles de données.

---

[32] Hoberman, 2009.

Entité

En dehors de la modélisation des données, une entité est une chose qui existe séparément d'autres choses. Dans le cadre de la modélisation des données, une *entité* est une chose sur laquelle une organisation collecte des informations. Les entités sont parfois appelées « les noms d'une organisation ». Dans les modèles de données relationnels, les entités sont les boîtes qui identifient le concept modélisé.

Une entité peut être considérée comme la réponse à une question fondamentale – qui, quoi, quand, où, pourquoi ou comment – ou à une combinaison de ces questions. Le tableau 2 définit et donne des exemples de catégories d'entités couramment utilisées.[33]

Catégorie	Définition	Exemples
Qui	Personne ou organisation d'intérêt. Autrement dit, qui est important pour l'entreprise? Souvent, le qui est associé à un rôle tel que celui de client ou de fournisseur. Les personnes ou les organisations peuvent avoir plusieurs rôles ou être incluses dans plusieurs parties.	Employé, dépendant, patient, joueur, suspect, client, vendeur, étudiant, passager, concurrent, auteur.
Quoi	Produit ou service présentant un intérêt pour l'entreprise. Il s'agit souvent de ce que l'entreprise fabrique ou du service qu'elle fournit. Autrement dit, qu'est-ce qui est important pour l'entreprise? Les attributs associés aux catégories, types, etc. sont très importants ici.	Produit, service, matière première, produit fini, cours, chanson, photographie, livre...
Quand	Calendrier ou intervalle de temps qui intéresse l'entreprise. C'est-à-dire : quand l'entreprise est-elle en activité?	Heure, date, mois, trimestre, année, calendrier, semestre, période fiscale, minute, heure de départ.

---

[33] Hoberman, 2009.

Catégorie	Définition	Exemples
Où	Emplacement présentant un intérêt pour l'entreprise. L'emplacement peut faire référence à des lieux réels ainsi qu'à des lieux électroniques. En d'autres termes, où les affaires sont-elles menées?	Adresse postale, point de distribution, URL du site Web, adresse IP.
Pourquoi	Événement ou transaction présentant un intérêt pour l'entreprise. Ces événements permettent de maintenir l'entreprise à flot. Autrement dit, pourquoi l'entreprise est-elle en activité ?	Commande, retour, plainte, retrait, dépôt, compliment, demande de renseignements, commerce, réclamation.
Comment	Documentation de l'événement qui intéresse l'entreprise. Les documents fournissent la preuve que les événements se sont produits, comme un bon de commande enregistrant un événement de commande. En d'autres termes, comment savons-nous qu'un événement s'est produit?	Facture, contrat, accord, compte, bon de commande, ticket d'excès de vitesse, bordereau d'emballage, confirmation de transaction.
Mesure	Dénombrements, sommes, etc. des autres catégories (quoi, où) à des moments ou durant une plage de temps (quand).	Ventes, nombre d'articles, paiements, solde.

Tableau 2: Exemples d'entités couramment utilisées

Relation

Une *relation* est une association entre des entités.[34] Une relation capture les interactions de haut niveau entre les entités conceptuelles, les interactions détaillées entre les entités logiques et les contraintes entre les entités physiques. Les relations sont représentées par des lignes sur le diagramme de modélisation des données.

---

[34] Chen, 76.

Dans une relation entre deux entités, la *cardinalité* indique combien d'entités (instances d'entité) participent à la relation avec combien d'instances de l'autre entité. Par exemple, **une** entreprise peut avoir **un ou plusieurs** employés. La cardinalité est représentée par les symboles qui apparaissent aux deux extrémités d'une ligne de relation. Pour la cardinalité, les choix sont simples : zéro, un ou plusieurs (le terme "plusieurs" désignant tout nombre supérieur à un). Chaque côté d'une relation peut avoir n'importe quelle combinaison de zéro, un ou plusieurs.

La figure 17 montre des relations de cardinalité différentes. Une organisation emploie un ou plusieurs employés. Un employé peut soutenir zéro, un ou plusieurs personnes à charge. Mais un employé n'a qu'une seule et unique fonction pendant une période donnée. Les relations et la cardinalité sont un moyen de capturer les règles et les attentes liées aux données. Si les données montrent qu'un employé occupe plus d'une fonction au cours d'une période donnée, cela signifie qu'il y a une erreur dans les données ou que l'organisation enfreint une règle.

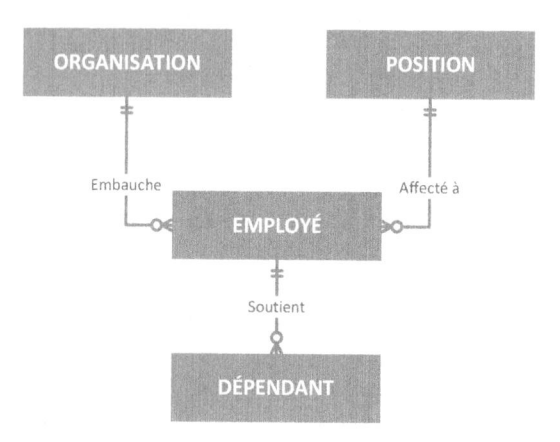

Figure 17: **Modèle de données relationnelles avec la cardinalité**

Attribut

Un attribut est une propriété qui identifie, décrit ou mesure une entité. Le correspondant physique d'un attribut dans une entité est une colonne, un champ, une balise ou un nœud dans une table, une vue, un document, un graphique ou un fichier. Dans l'exemple de la figure 18, L'entité Organisation a les attributs suivants : *Organisation id*, *Organisation nom* et *Organisation Téléphone*. Employé a pour attributs *Employé numéro*, *Employé prénom*, *Employé nom de famille* et *Employé date de naissance*. Les détails relatifs aux personnes à charge et aux emplois ont des attributs qui décrivent leurs caractéristiques.

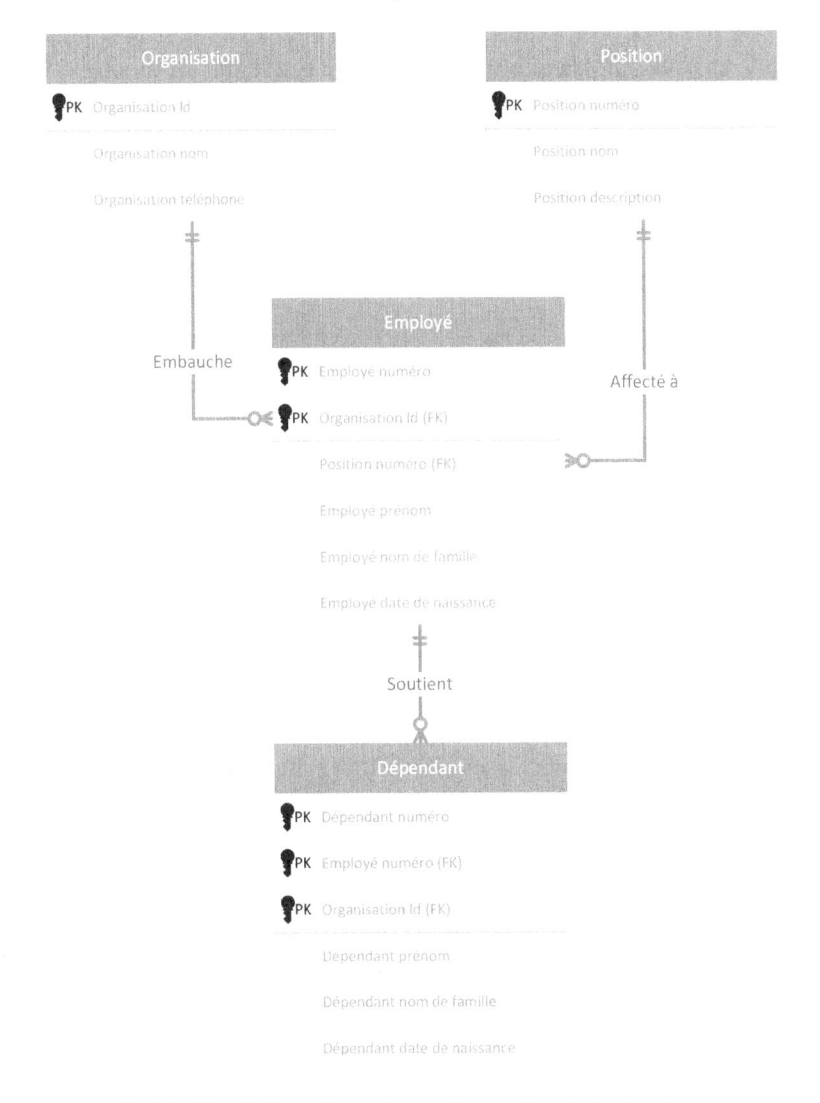

Figure 18: Modèle relationnel avec les attributs et les clefs primaires

Domaine

Dans la modélisation des données, un domaine est l'ensemble des valeurs possibles qu'un attribut peut avoir. Un domaine fournit un moyen de normaliser les caractéristiques des attributs et limiter les données qui peuvent être renseignées dans le champ. Par exemple, le domaine Date, qui contient toutes les dates valides possibles, peut être attribué à n'importe quel attribut de date dans un modèle de données logique ou à des colonnes/champs de date dans un modèle de données physique, par exemple :

- EmployeDateEmbauche;
- CommandeDateCreation;
- PlainteDateSoumise;
- CoursDateDebut.

Les domaines sont essentiels pour comprendre la qualité des données. Toutes les valeurs à l'intérieur du domaine sont des valeurs valides. Celles qui se trouvent en dehors du domaine sont appelées valeurs non valides. Un attribut ne doit pas contenir de valeurs en dehors du domaine qui lui est attribué. Le domaine de EmployeDateEmbauche peut être défini simplement comme des dates valides. Selon cette règle, le 30 février n'est pas une date d'embauche valide.

LA MODÉLISATION DES DONNÉES ET LEUR GESTION

La modélisation des données est un processus qui consiste à découvrir et à documenter les informations qui sont essentielles à la compréhension qu'une organisation a d'elle-même à travers ses données. Les modèles capturent et permettent l'utilisation des connaissances au sein d'une organisation (ils sont donc une forme importante des métadonnées). Ils peuvent même être utilisés pour améliorer la qualité de ces informations, en appliquant des conventions de dénomination et d'autres normes qui rendent les informations plus cohérentes et plus fiables.

Les analystes et les concepteurs de données agissent en tant qu'intermédiaires entre les consommateurs d'informations (les personnes ayant des exigences métiers en matière de données) et les producteurs de données qui capturent les données sous une forme utilisable. Les professionnels des données doivent trouver un équilibre entre les exigences liées aux données des consommateurs d'informations et les exigences liées aux applications des producteurs de données.

Les concepteurs de données doivent également trouver un équilibre entre les avantages à court terme et à long terme. Les consommateurs d'informations ont besoin de données en temps voulu pour répondre à leurs obligations à court terme et pour tirer parti des opportunités commerciales actuelles. Les équipes de projet de développement doivent respecter des contraintes de temps et de budget. Cependant, elles doivent également répondre aux intérêts à long terme de toutes les parties prenantes en s'assurant que les données d'une organisation résident dans des structures de données sécurisées, récupérables, partageables et réutilisables, et que ces données sont aussi correctes, opportunes, pertinentes et utilisables que possible. Par conséquent, les modèles de données et les conceptions de bases de données doivent assurer un équilibre raisonnable entre les besoins à court et à long terme de l'entreprise.

CE QUE VOUS DEVEZ RETENIR

- L'architecture est essentielle à la compréhension de l'organisation, de ses systèmes, de ses données et de la relation entre les processus métiers et techniques.

- Une approche stratégique de l'architecture globale permet à une organisation de prendre de meilleures décisions.

- L'architecture des données vise à permettre à une organisation de comprendre et de capturer des connaissances explicites sur ses propres données.

- Les métadonnées créées et gérées par les processus d'architecture des données sont essentielles à l'utilisation et à la gestion des données dans le temps.

- Les modèles des données sont essentiels à la gestion des données car ils définissent les entités qui sont importantes pour l'organisation, capturent de manière concise les exigences en matière de données et clarifient les règles et les relations qui sont nécessaires pour gérer les données et la qualité des données.

CHAPITRE 7

Activation et maintenance des données

Le travail de conception, tel que l'architecture et la modélisation des données, vise à fournir un éclairage sur la meilleure façon de configurer des applications qui mettent à la disposition de l'organisation des données utilisables, accessibles et actuelles. Une fois les données configurées dans les entrepôts, les magasins de données et les applications, un travail opérationnel important est nécessaire pour maintenir les données afin qu'elles continuent à répondre aux exigences de l'organisation. Ce chapitre décrit les fonctions de gestion des données qui se concentrent sur l'activation et la maintenance des données, notamment :

- Stockage et exploitation des données;
- Intégration et interopérabilité des données;
- Entrepôts de données;
- Gestion des données de référence;
- Gestion des données maîtres;
- Gestion des documents et du contenu;
- Stockage de mégadonnées.

STOCKAGE ET EXPLOITATION DES DONNÉES

La fonction de stockage et d'exploitation des données est ce à quoi beaucoup de gens pensent lorsqu'ils évoquent la gestion traditionnelle des données. Il s'agit du travail hautement technique effectué par les administrateurs de bases de données (DBA) et les administrateurs de stockage réseau (NSA)[35] pour s'assurer que les systèmes de stockage de données sont accessibles et performants et que l'intégrité des données est maintenue. Le travail de stockage et d'exploitation des données est essentiel pour les organisations qui s'appuient sur les données pour mener leurs activités.

L'administration des bases de données est parfois considérée comme une fonction monolithique, mais les DBA jouent différents rôles. Ils peuvent soutenir des environnements de production, des travaux de développement ou des applications et procédures spécifiques. Le travail du DBA est influencé par l'architecture globale des bases de données d'une organisation (par exemple, centralisée, distribuée, fédérée; couplée ou non), ainsi que par la façon dont les bases de données elles-mêmes sont organisées (hiérarchiques, relationnelles ou non relationnelles). Avec l'émergence des nouvelles technologies, les DBA et les NSA sont chargés de créer et de gérer des environnements virtuels (infonuagique). Les environnements de stockage de données étant assez complexes, les DBA cherchent des moyens de réduire ou au moins de gérer cette complexité par l'automatisation, la réutilisation et l'application de normes et de meilleures pratiques.

Bien que les DBA puissent sembler éloignés de la fonction de gouvernance des données, leur connaissance de l'environnement technique est essentielle pour mettre en œuvre les directives de gouvernance des données liées à des éléments tels que le contrôle d'accès, la confidentialité et la sécurité des données. Les administrateurs de bases de données expérimentés jouent également un rôle déterminant pour permettre aux organisations d'adopter et de tirer parti des nouvelles technologies.

---

[35] NDT : On conserve les acronymes DBA, pour *Database Administrator*, et NSA, pour *Network Storage Administrator*, car ils sont très répandus.

Le stockage et l'exploitation des données consistent à gérer les données tout au long de leur cycle de vie, de leur obtention à leur purge. Les DBA contribuent à ce processus en :

- Définissant les besoins de stockage;
- Définissant les besoins d'accès;
- Développant des instances de base de données;
- Gérant l'environnement de stockage physique;
- Chargeant les données;
- Copiant les données entre les environnements;
- Effectuant le suivi des habitudes d'utilisation;
- Planifiant la continuité des activités;
- Gérant la sauvegarde et la récupération;
- S'assurant de la performance et la disponibilité des bases de données;
- Gérant les environnements alternatifs (par exemple, pour le développement et les tests);
- Exécutant les migrations des données;
- Effectuant le suivi des actifs de données;
- Permettant l'audit et la validation des données.

En bref, les DBA s'assurent que les moteurs tournent. Ils sont également les premiers sur les lieux lorsque les bases de données deviennent indisponibles.

INTÉGRATION ET INTEROPÉRABILITÉ DES DONNÉES

Alors que les activités de stockage et d'exploitation des données se concentrent sur les environnements de stockage et de maintenance des données, les activités d'intégration et d'interopérabilité des données (IID) comprennent les processus de déplacement et de consolidation des données au sein et entre les dépôts de données et les applications. L'intégration consolide les données sous des formes cohérentes, qu'elles soient physiques ou virtuelles. L'interopérabilité des données permet à des systèmes multiples de communiquer. Les données à intégrer proviennent généralement de différents systèmes d'une organisation. De plus en plus, les organisations intègrent aussi des données externes aux données qu'elles produisent.

Les solutions IID permettent d'assurer les fonctions de gestion des données dont dépendent la plupart des organisations :

- Migration et conversion des données;
- Consolidation des données dans des carrefours ou des magasins;
- Intégration de progiciels de fournisseurs dans le portefeuille d'applications d'une organisation;
- Partage des données entre applications et entre organisations;
- Distribution des données dans les dépôts et les centres de données;
- Archivage des données;
- Gestion des interfaces de données;
- Obtention et chargement de données externes;
- Intégration de données structurées et non structurées;
- Fournir une intelligence opérationnelle et un soutien à la prise de décision de gestion.

La mise en œuvre des pratiques et des solutions d'intégration et d'interopérabilité des données vise à :

- Rendre les données disponibles dans le format et le délai requis par les consommateurs de données, qu'il s'agisse de personnes ou de systèmes;
- Consolider les données physiquement et virtuellement dans des carrefours de données;
- Réduire le coût et la complexité de la gestion des solutions en développant des modèles et des interfaces partagés;
- Identifier les événements significatifs (opportunités et menaces) et déclencher automatiquement des alertes et des actions; et
- Soutenir l'informatique décisionnelle, les analyses, la gestion des données maîtres et les efforts d'efficacité opérationnelle.

La conception des solutions IID doit tenir compte des éléments suivants :

- **Capture des changements aux données :** Comment s'assurer que les données sont correctement mises à jour.

- **Latence :** Le temps qui s'écoule entre le moment où les données sont créées ou capturées et celui où elles sont mises à disposition pour la consommation.

- **Réplication :** Comment les données sont distribuées pour garantir les performances.

- **Orchestration :** Comment les différents processus sont organisés et exécutés pour préserver la cohérence et la continuité des données.

Le principal objectif de l'IID est de garantir que les données circulent efficacement entre les différents dépôts de données, au sein de l'organisation et entre les organisations. Il est très important de concevoir en cherchant à réduire la complexité. La plupart des entreprises possèdent des centaines, voire des milliers, de bases de données. Si l'IID n'est pas gérée efficacement, la simple gestion des interfaces peut submerger une organisation informatique.

En raison de sa complexité, l'IID dépend d'autres domaines de la gestion des données, notamment :

- **Gouvernance des données :** Pour régir les règles de transformation et les structures de messages.

- **Architecture des données :** Pour concevoir des solutions.

- **Sécurité des données :** Pour s'assurer que les solutions protègent correctement la sécurité des données, qu'elles soient persistantes, virtuelles ou en mouvement entre les applications et les organisations.

- **Métadonnées :** Pour assurer le suivi de l'inventaire technique des données (persistantes, virtuelles et en mouvement), la signification commerciale des données, les règles métier de transformation des données, ainsi que l'historique et la traçabilité des données.

- **Stockage et exploitation des données :** Pour gérer l'instanciation physique des solutions.

- **Modélisation et conception des données :** Conception des structures de données, y compris la persistance physique dans les bases de données, les structures de données virtuelles et les messages transmettant les informations entre les applications et les organisations.

L'intégration et l'interopérabilité des données sont essentielles à l'entreposage des données et à l'informatique décisionnelle, ainsi qu'à la gestion des données de référence et des données maîtres, car tous ces éléments transforment et intègrent les données provenant de multiples systèmes sources vers des carrefours de données consolidés et des carrefours vers les systèmes cibles où elles peuvent être fournies aux consommateurs de données, qu'il s'agisse de systèmes ou de personnes.

L'intégration et l'interopérabilité des données sont également essentielles dans le domaine émergent de la gestion des mégadonnées. Les mégadonnées cherchent à intégrer différents types de données, notamment des données structurées et stockées dans des bases de données, des données textuelles non structurées dans des documents ou des fichiers, d'autres types de données non structurées telles que des données audio, vidéo et en continu. Ces données intégrées peuvent être exploitées, utilisées pour développer des modèles prédictifs et déployées dans des activités de renseignement opérationnel.

Lors de la mise en œuvre de l'IID, une organisation doit suivre les principes suivants :

- **Adopter une perspective d'entreprise** lors de la conception afin de garantir une extensibilité future, mais mettre en œuvre par le biais d'une livraison itérative et incrémentielle.

- **Trouver un équilibre entre les besoins en données locales** et les besoins en données d'entreprise, y compris le soutien et la maintenance.

- **Assurer la redevabilité des unités d'affaires** pour la conception et l'opération de l'IID. Les experts métier doivent être impliqués dans la conception et la modification des règles de transformation des données, qu'elles soient persistantes ou virtuelles.

ENTREPÔTS DE DONNÉES

Les entrepôts de données permettent aux organisations d'intégrer des données provenant de systèmes disparates dans un modèle de données commun afin de soutenir les fonctions opérationnelles, les exigences de conformité et les activités d'informatique décisionnelle. La technologie des entrepôts est apparue dans les années 1980 et les organisations ont commencé à construire des entrepôts pour de bon dans les années 1990. Les entrepôts promettaient de permettre aux organisations d'utiliser leurs données plus efficacement en réduisant la redondance des données et en apportant plus de cohérence.

Le terme *entrepôt de données* implique que toutes les données se trouvent au même endroit, comme dans un entrepôt physique. Mais les entrepôts de données sont plus complexes que cela. Ils se composent de couches à travers lesquelles les données se déplacent. Au cours de leur déplacement, la structure et le format des données peuvent être modifiés, de sorte qu'elles peuvent être rassemblées dans des tables communes, à partir desquelles il est possible d'y accéder. Elles peuvent être utilisées directement pour les rapports ou comme intrants pour des applications en aval.

La création d'un entrepôt requiert des compétences dans tous les domaines de la gestion des données, depuis les compétences hautement techniques requises pour le stockage, l'exploitation et l'intégration des données jusqu'aux compétences décisionnelles des responsables de la gouvernance et de la stratégie des données. Il faut également gérer les processus fondamentaux qui permettent aux données d'être sécurisées, utilisables (via des métadonnées fiables) et de haute qualité.

Il existe différentes façons de construire un entrepôt. L'approche adoptée par une organisation dépendra de ses objectifs, de sa stratégie et de son architecture. Quelle que soit l'approche, les entrepôts ont des caractéristiques communes :

- Les entrepôts stockent des données provenant d'autres systèmes et les rendent accessibles et utilisables pour l'analyse.

- L'acte de stockage comprend l'organisation des données de manière à en augmenter la valeur. Dans de nombreux cas, cela signifie que les entrepôts créent effectivement de nouvelles données qui ne sont pas disponibles ailleurs.

- Les organisations construisent des entrepôts parce qu'elles ont besoin de mettre à la disposition des parties prenantes autorisées des données fiables et intégrées.

- Les données d'entrepôt servent à de nombreuses fins, du soutien du flux de travail à la gestion opérationnelle en passant par l'analyse prédictive.

Les approches les plus connues de l'entreposage de données ont été menées par deux penseurs influents, Bill Inmon et Ralph Kimball.

Inmon définit un entrepôt de données comme « une collection de données orientée vers un sujet, intégrée, variable dans le temps et non volatile, au soutien du processus décisionnel de la direction »[36]. Un modèle relationnel normalisé est utilisé pour le stockage et la gestion des données. La figure 19 illustre l'approche d'Inmon, que l'on appelle « l'usine d'information d'entreprise »[37].

---

[36] Inmon, 2005
[37] NDT: *Corporate Information Factory* en anglais

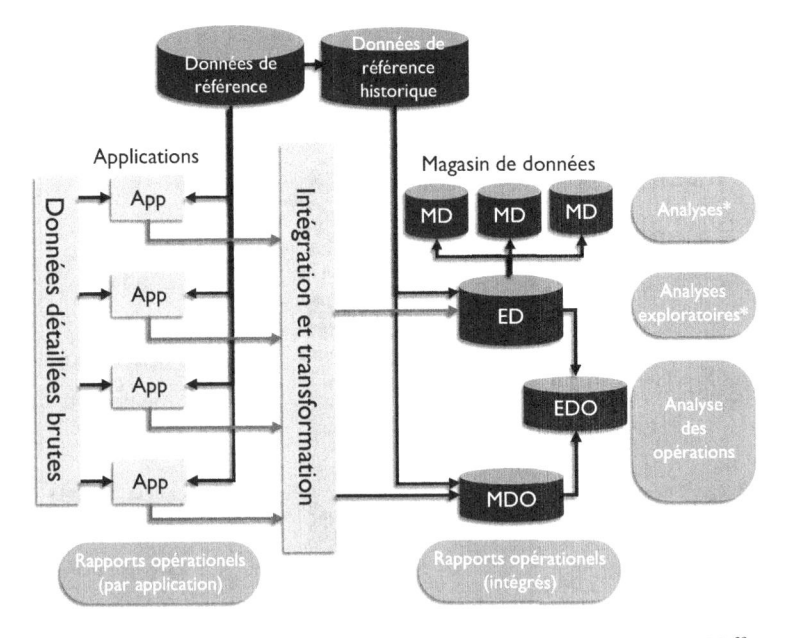

Figure 19: L'usine d'information d'entreprise d'Inmon (DMBOK2, p. 388)[38]

Kimball définit un entrepôt comme « une copie des données de transaction spécifiquement structurée pour l'interrogation et l'analyse ». La figure 20 illustre l'approche de Kimball, qui fait appel à un modèle dimensionnel.

À l'approche de la troisième décennie du nouveau millénaire, de nombreuses organisations construisent des entrepôts de deuxième et troisième génération ou adoptent des lacs de données pour rendre les données disponibles. Les lacs de données rendent plus de données disponibles à une vitesse plus élevée, ce qui permet de passer de l'analyse rétrospective des tendances commerciales à l'analyse prédictive.

---

[38] Adaptée des illustrations dans Inmon, W., Claudia Imhoff, et Ryan Sousa. *The Corporate Information Factory*. 2nd ed. Wiley 2001.

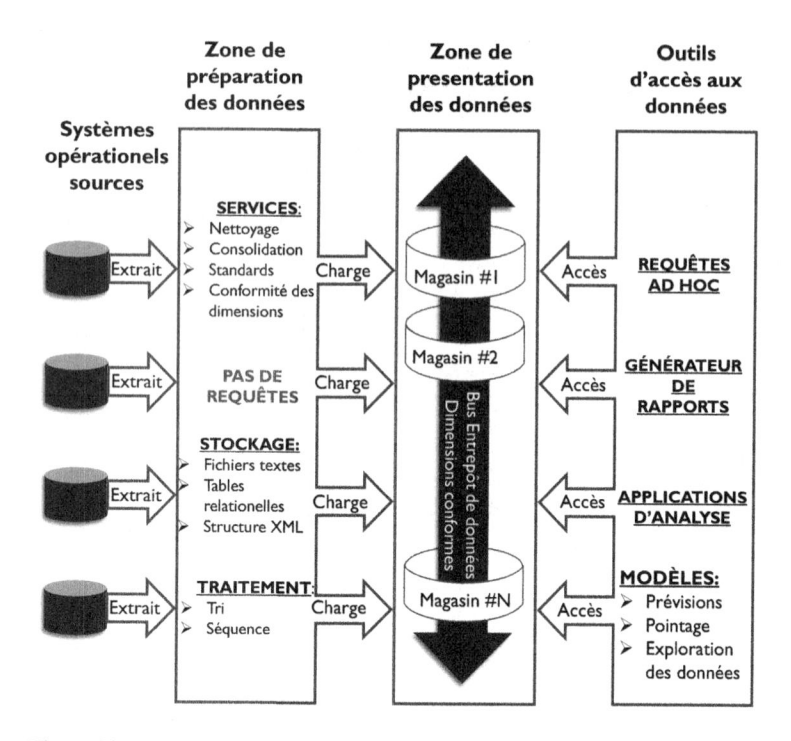

Figure 20: Les composants de l'entrepôt de données de Kimball (DMBOK2, p. 390)[39]

La gestion de données plus volumineuses nécessite des connaissances et une planification supplémentaire. Mais elle exige également de suivre certains principes fondamentaux de la gestion des données d'entrepôt, notamment :

- **Se concentrer sur les objectifs de l'entreprise :** Assurez-vous que l'entrepôt de données sert les priorités organisationnelles et résout les problèmes de l'entreprise. Pour ce faire, il faut adopter une perspective stratégique, qui, le plus souvent, est une perspective d'entreprise.

- **Commencez par la finalité :** Le contenu de l'entrepôt de données doit être déterminé par les professionnels de

---

[39] Adaptée des illustrations dans *The Data Warehouse Toolkit*, 2ᵉ édition, Ralph Kimball et Margy Ross, John Wiley & Sons, 2002.

l'entreprise et par la portée de la fourniture de données finales pour l'informatique décisionnelle.

- **Penser et concevoir globalement; agir et construire localement :** Laissez la vision finale guider l'architecture, mais construisez et livrez de manière incrémentielle, par le biais de projets ou de sprints ciblés qui permettent un retour sur investissement plus immédiat.

- **Résumez et optimisez en dernier, et non en premier :** Construisez sur les données atomiques. Agrégez et résumez pour répondre aux besoins et garantir les performances, et non pour remplacer les détails.

- **Promouvoir la transparence et le libre-service :** Plus le contexte (y compris les métadonnées) est disponible, plus les consommateurs de données seront en mesure d'en dégager de la valeur. Informez les parties prenantes des données et des processus par lesquels elles sont intégrées.

- **Créez des métadonnées avec l'entrepôt :** La capacité à expliquer les données est essentielle au succès de l'entrepôt de données. Par exemple, être capable de répondre à des questions de base comme « Pourquoi cette somme est X? » « Comment cela a-t-il été calculé? » et « D'où viennent ces données? ». Les métadonnées doivent être capturées durant le développement et gérées dans le cadre des opérations courantes.

- **Collaborez :** Collaborez avec d'autres initiatives en matière de données, notamment celles concernant la gouvernance des données, la qualité des données et les métadonnées.

- **La taille unique ne convient pas à tous :** Utilisez les bons outils pour chaque groupe de consommateurs de données.

GESTION DES DONNÉES DE RÉFÉRENCE

Les différents types de données jouent des rôles différents au sein d'une organisation et ont des exigences particulières en matière de gestion des données. Les données de référence (par exemple, les tables de codes et de descriptions) sont des données qui sont utilisées uniquement pour caractériser d'autres données dans une organisation, ou uniquement pour relier des données dans une base de données à des informations situées au-delà des limites de l'organisation.[40]

Les données de référence fournissent un contexte essentiel à la création et à l'utilisation des données transactionnelles et des données maîtres. Elles permettent aux autres données d'être comprises de manière significative. Il est important de noter qu'il s'agit d'une ressource partagée qui doit être gérée au niveau de l'entreprise. Avoir plusieurs instances des mêmes données de référence est inefficace et conduit inévitablement à des incohérences entre elles. L'incohérence mène à l'ambiguïté, et l'ambiguïté introduit un risque pour l'organisation.

La gestion des données de référence (GDR) implique le contrôle des valeurs de domaines établis et de leurs définitions. L'objectif de la GDR est de garantir que l'organisation a accès à un ensemble complet de valeurs précises et actuelles pour chaque concept représenté.

Parce qu'il s'agit d'une ressource partagée et qu'elle traverse les frontières organisationnelles internes, la propriété et la responsabilité des données de référence sont un défi pour certaines organisations. Certaines données de référence proviennent de l'extérieur de l'organisation, d'autres peuvent être créées et maintenues au sein d'un département mais peuvent être utilisées ailleurs dans l'organisation. Déterminer la responsabilité de la création de ces données et de leur mise à jour fait partie de leur gestion. L'absence de redevabilité introduit un risque, car les différences entre les données de référence peuvent entraîner une

---

[40] Chisholm, 2008.

mauvaise compréhension du contexte des données (par exemple, lorsque deux unités opérationnelles ont des valeurs différentes pour classer le même concept).

Les données de référence semblent souvent plus simples que les autres données car les ensembles de données de référence sont généralement plus petits que les autres types de données. Ils comportent moins de colonnes et moins de lignes. Même un grand ensemble de données de référence, comme le fichier des codes postaux, est petit par rapport aux transactions financières quotidiennes d'un détaillant, même de taille moyenne. Les données de référence sont aussi généralement moins volatiles que les autres formes de données. À quelques exceptions près (comme les données sur les taux de change), les données de référence changent rarement.

Le défi de la gestion des données de référence vient de leur utilisation. Pour que la gestion des données de référence soit efficace (valeurs actualisées et cohérentes dans de multiples applications et utilisations), elle doit être gérée au moyen d'une technologie permettant aux personnes et aux systèmes consommateurs de données d'y accéder en temps utile et de manière efficace sur de multiples plateformes.

Comme pour la gestion d'autres formes de données, la gestion des données de référence nécessite une planification et une conception. Les modèles d'architecture et de données de référence doivent tenir compte de la manière dont les données de référence seront stockées, maintenues et partagées. Comme il s'agit d'une ressource partagée, elle nécessite un haut degré de gestion. Pour tirer le meilleur parti d'un système de données de référence géré de manière centralisée, une organisation doit établir des politiques de gouvernance qui exigent l'utilisation de ce système et empêchent les personnes de maintenir leurs propres copies des jeux de données de référence. Cela peut nécessiter un certain niveau d'activité de gestion du changement organisationnel, car il peut être difficile de convaincre les gens d'abandonner leurs tableurs pour le bien de l'entreprise.

GESTION DES DONNÉES MAÎTRES

Comme les données de référence, les données maîtres sont une ressource partagée. Les données maîtres sont des données sur les entités commerciales (par exemple, les employés, les clients, les produits, les fournisseurs, les structures financières, les actifs et les emplacements) qui fournissent un contexte pour les transactions et les analyses commerciales. Une entité est un objet du monde réel (comme une personne, une organisation, un lieu ou une chose). Les entités sont représentées par des instances d'entité, sous la forme d'enregistrements. Les données maîtres devraient représenter les données faisant autorité, soit les plus précises et disponibles sur les entités clés de l'entreprise. Lorsqu'elles sont bien gérées, les données maîtres sont fiables et peuvent être utilisées en toute confiance.

La gestion des données maîtres (GDM) implique le contrôle des valeurs et des identifiants des données maîtres qui permettent une utilisation cohérente, dans tous les systèmes, des données les plus précises et les plus actuelles sur les entités commerciales essentielles. Le but est d'assurer la disponibilité de valeurs exactes et actuelles tout en réduisant le risque d'identifiants ambigus.

En termes plus simples : lorsque les gens pensent à des données de haute qualité, ils pensent généralement à des données maîtres bien gérées. Par exemple, un enregistrement d'un client qui est complet, précis, actuel et utilisable est considéré comme « bien géré ». À partir de cet enregistrement, ils devraient être en mesure de rassembler une compréhension historique de ce client. S'ils disposent de suffisamment d'informations, ils peuvent être en mesure de prédire ou d'influencer ses actions.

La gestion des données maîtres est un défi. Elle illustre un problème fondamental lié aux données : les gens choisissent différentes façons de représenter des concepts similaires et la réconciliation entre ces représentations n'est pas toujours simple. De plus, les informations changent avec le temps et la prise en compte systématique de ces changements nécessite une planification, une connaissance des données et des compétences techniques. En bref, la gestion des données maîtres demande du travail, notamment en matière de gestion et de gouvernance des données.

Toute organisation qui a identifié le besoin de la GDM a probablement déjà un environnement de systèmes complexes, avec de multiples façons de capturer et de stocker les références aux entités du monde réel. En raison de la croissance organique au fil du temps et des fusions et acquisitions, les systèmes qui ont contribué au processus de GDM peuvent avoir des définitions différentes des entités elles-mêmes et très probablement des normes différentes pour la qualité des données. En raison de cette complexité, il est préférable d'aborder la gestion des données maîtres un domaine de données à la fois. Commencez petit, avec une poignée d'attributs, et développez au fil du temps.

La planification de la gestion des données maîtres comprend plusieurs étapes de base. Au sein d'un domaine :

- Identifier les sources candidates qui fourniront une vue complète des entités de données maîtres;

- Développer des règles pour faire correspondre et fusionner les instances d'entités avec précision;

- Établir une approche pour identifier et restaurer les données appariées ou fusionnées de manière inappropriée;

- Établir une approche pour distribuer les données de confiance aux systèmes de l'entreprise.

L'exécution du processus, cependant, n'est pas aussi simple que ces étapes le laissent entendre. La GDM est un processus de gestion du cycle de vie. En outre, les données maîtres ne doivent pas seulement être gérées au sein d'un système GDM, elles doivent également être mises à disposition pour être utilisées par d'autres systèmes et processus. Cela nécessite une technologie qui permet le partage et la rétroaction. Elle doit également être soutenue par des politiques qui exigent que les systèmes et les processus métier utilisent les valeurs des données maîtres et les empêchent de créer leurs propres « versions de la vérité ».

Néanmoins, la gestion des données maîtres présente de nombreux avantages. Des données maîtres bien gérées améliorent l'efficacité organisationnelle et réduisent les risques associés aux différences de structure des données entre les systèmes et les processus. Elle offre également la possibilité d'enrichir certaines catégories de données. Par exemple, les données relatives aux clients et aux consommateurs peuvent être complétées par des informations provenant de sources externes, telles que des fournisseurs qui vendent des données marketing ou démographiques.

GESTION DES DOCUMENTS ET DU CONTENU

Les documents, les enregistrements et le contenu (par exemple, les informations stockées sur des sites Internet et Intranet) constituent une forme de données dont les exigences de gestion sont distinctes. La gestion des documents et du contenu implique le contrôle de la saisie, du stockage, de l'accès et de l'utilisation des données et des informations stockées en dehors des bases de données relationnelles.[41] Comme d'autres types de données, les documents et le contenu non structuré doivent être sécurisés et de haute qualité. Garantir leur sécurité et leur qualité nécessite une gouvernance, une architecture fiable et des métadonnées bien gérées.

La gestion des documents et du contenu est axée sur le maintien de l'intégrité des documents et autres contenus non structurés ou semi-structurés et sur la possibilité d'y accéder; elle est donc à peu près équivalente à la gestion des opérations de données pour les bases de données relationnelles. Cependant, elle a également des motivations stratégiques. Les principales motivations commerciales de la gestion des documents et des contenus sont la conformité réglementaire, la capacité à répondre aux litiges et aux demandes de divulgation électronique, ainsi que les exigences de continuité des activités.

La *gestion des documents* est le terme général utilisé pour décrire le stockage, l'indexation et le contrôle des documents électroniques et

---

[41] Les types de données non structurées ont évolué depuis le début des années 2000, à mesure que la capacité de capturer et de stocker des informations numériques s'est accrue. Le concept de données non structurées continue de faire référence aux données qui ne sont pas prédéfinies par un modèle de données, qu'il soit relationnel ou autre.

papier. Elle englobe les techniques et outils permettant de contrôler et d'organiser les documents tout au long de leur cycle de vie.

La *gestion des registres* est une forme spécialisée de gestion des documents qui se concentre sur les registres, c'est-à-dire les documents qui fournissent la preuve des activités d'une organisation. Ces activités peuvent être des événements, des transactions, des contrats, de la correspondance, des politiques, des décisions, des procédures, des opérations, des dossiers du personnel et des états financiers. Les registres peuvent être des documents physiques, des fichiers et des messages électroniques, ou le contenu de bases de données.

Les documents et autres actifs numériques, tels que les vidéos, les photographies, etc. contiennent du contenu. La gestion du contenu désigne les processus, les techniques et les technologies permettant d'organiser, de classer et de structurer les ressources d'information afin qu'elles puissent être stockées, publiées et réutilisées de multiples façons. Le contenu peut être volatile ou statique. Il peut être géré de manière formelle (strictement stocké, géré, audité, conservé ou éliminé) ou informelle par des mises à jour ad hoc. La gestion du contenu est particulièrement importante pour les sites web et les portails, mais les techniques d'indexation à partir de mots-clés et d'organisation à partir de taxonomies peuvent être appliquées à toutes les plateformes technologiques.

La gestion réussie des documents, des registres et d'autres formes de contenu partagé exige de :

- Planifier, y compris la création de politiques pour différents types d'accès et de traitement;

- Définir l'architecture de l'information et les métadonnées nécessaires au soutien d'une stratégie de contenu;

- Permettre la gestion de la terminologie, y compris les ontologies et les taxonomies, nécessaires pour organiser, stocker et récupérer diverses formes de contenu;

- Adopter des technologies permettant de gérer le cycle de vie du contenu, de la création ou de la capture du contenu à la gestion des versions, et garantir la sécurité du contenu.

Pour les registres, les politiques de conservation et de disposition sont essentielles. Les registres doivent être conservés pendant la durée requise, et ils doivent être détruits une fois les exigences de conservation satisfaites. Tant qu'ils existent, les registres doivent être accessibles aux personnes et processus appropriés et, comme tout autre contenu, ils doivent être diffusés par les canaux appropriés.

Pour atteindre ces objectifs, les organisations ont besoin de systèmes de gestion de contenu (SGC)[42], ainsi que d'outils pour créer et gérer les métadonnées qui soutiennent l'utilisation du contenu. Elles ont également besoin d'une gouvernance pour superviser les politiques et les procédures qui soutiennent l'utilisation du contenu et empêchent les abus; cette gouvernance permet à l'organisation de répondre aux litiges de manière cohérente et appropriée.

STOCKAGE DE MÉGADONNÉES

Les mégadonnées et la science des données sont liées à des changements technologiques importants qui ont permis de générer, de stocker et d'analyser des quantités de données de plus en plus grandes et d'utiliser ces données pour prédire et influencer les comportements, ainsi que pour obtenir des informations sur une série de sujets importants, tels que les pratiques en matière de soins de santé, la gestion des ressources naturelles et le développement économique.

Les premiers efforts pour définir la signification des mégadonnées ont été caractérisés par les trois « V » : Volume, Vélocité, Variété.[43] Comme de plus en plus d'organisations commencent à exploiter le potentiel des mégadonnées, la liste des V s'est allongée :

---

[42] NDT: *Content Management System (CMS)* en anglais

[43] Laney, 2001.

- **Volume :** Fait référence à la quantité de données. Les mégadonnées comportent souvent des milliers d'entités ou d'éléments dans des milliards d'enregistrements.

- **Vélocité :** Fait référence à la vitesse à laquelle les données sont capturées, générées ou partagées. Les mégadonnées sont souvent générées et peuvent également être distribuées et même analysées en temps réel.

- **Variété / Variabilité :** Fait référence aux formes sous lesquelles les données sont capturées ou livrées. Les mégadonnées nécessitent le stockage de formats multiples. La structure des données est souvent incohérente dans ou entre les ensembles de données.

- **Viscosité :** Fait référence à la difficulté d'utilisation ou d'intégration des données.

- **Volatilité :** Fait référence à la fréquence à laquelle les données changent et donc à la durée d'utilité des données.

- **Véracité :** Il s'agit du degré de fiabilité des données.

Pour bénéficier des mégadonnées, il faut modifier la technologie, les processus d'entreprise et la façon dont les données sont gérées. La plupart des entrepôts de donnéesnt sont basés sur des modèles relationnels. Les mégadonnées ne sont généralement pas organisées selon un modèle relationnel. Les entrepôts des données reposent sur le concept d'ETC (extraction, transformation, chargement). Les solutions mégadonnées, comme les lacs de données, reposent sur le concept d'E*CT* (chargement puis transformation). Cela signifie qu'une grande partie du travail initial nécessaire à l'intégration n'est pas effectuée pour les mégadonnées, comme c'est le cas pour la création d'un entrepôt de données. Pour certaines organisations et pour certaines utilisations des données, cette approche fonctionne, mais pour d'autres, il est nécessaire de se concentrer sur la préparation des données en vue de leur utilisation.

La vitesse et le volume des données posent des défis qui exigent des approches différentes pour les aspects critiques de la gestion des données, non seulement l'intégration des données, mais aussi la gestion des métadonnées, l'évaluation de la qualité des données et le stockage des données (par exemple, sur place, dans un centre de données ou dans le nuage).

La promesse des mégadonnées – à savoir qu'elles permettront de nouvelles perspectives – dépend de la capacité à gérer les mégadonnées. À bien des égards, en raison de la grande diversité des sources et des formats, la gestion des mégadonnées exige plus de discipline que la gestion des données relationnelles. Chacun des V présente une opportunité de chaos.

Les principes de gestion des mégadonnées restent encore à défnir, mais l'un d'entre eux est très clair : les organisations doivent gérer avec soin les métadonnées liées aux mégadonnées afin de disposer d'un inventaire précis des données, de leur origine et de leur valeur. Certains se demandent s'il est nécessaire de gérer la qualité des mégadonnées, mais la question elle-même reflète un manque de compréhension de la définition de la qualité – répondre aux besoins. La taille, en soi, ne rend pas les données aptes à être utilisées. Les mégadonnées présentent également de nouveaux risques en matière d'éthique et de sécurité qui doivent être pris en compte par les organismes de gouvernance des données (voir le chapitre 4).

Les mégadonnées peuvent être utilisées pour toute une série d'activités, de l'exploration des données à l'apprentissage automatique et à l'analyse prédictive. Mais pour y parvenir, une organisation doit avoir un point de départ et une stratégie. La stratégie de mégadonnées d'une organisation doit être alignée sur sa stratégie commerciale globale et la soutenir. Elle doit évaluer :

- **Les problèmes que l'organisation essaie de résoudre. Ce pour quoi elle a besoin de l'analyse :** Une organisation peut déterminer que les données doivent être utilisées pour comprendre l'entreprise ou l'environnement commercial, pour prouver des idées sur la valeur de nouveaux produits, pour explorer une hypothèse ou pour inventer une nouvelle façon de faire des affaires. Il est important d'établir un processus de contrôle et de vérification pour évaluer la valeur et la faisabilité des initiatives.

- **Quelles sources de données utiliser ou acquérir :** Les sources internes peuvent être faciles à utiliser, mais peuvent aussi avoir une portée limitée. Les sources externes peuvent être utiles, mais échappent au contrôle opérationnel (elles sont gérées par d'autres ou ne sont contrôlées par personne, comme dans le cas des médias sociaux). De nombreux fournisseurs sont en concurrence en tant que courtiers en données et il existe souvent plusieurs sources pour les ensembles de données souhaités. L'acquisition de données qui s'intègrent aux éléments existants peut réduire les coûts d'investissement globaux.

- **L'actualité et la portée des données à fournir** : De nombreux éléments peuvent être fournis sous forme de flux en temps réel, d'instantanés à un moment donné, ou même intégrés et résumés. L'idéal est d'avoir des données à faible latence, mais cela se fait souvent au détriment des capacités d'apprentissage automatique – il y a une énorme différence entre les algorithmes de calcul basés sur des données au repos et ceux basés sur des données en continu. Ne minimisez pas le niveau d'intégration requis pour une utilisation en aval.

- **L'impact sur et la relation avec d'autres structures de données :** Vous devrez peut-être apporter des modifications à la structure ou au contenu d'autres structures de données pour qu'elles puissent être intégrées à des ensembles de mégadonnées.

- **Influences sur les données modélisées existantes** : Y compris l'extension des connaissances sur les clients, les produits et les approches marketing.

La stratégie déterminera la portée et le calendrier de la feuille de route de l'organisation en matière de mégadonnées.

De nombreuses organisations intègrent les mégadonnées dans leur environnement global de gestion des données (voir la figure 21). Les données passent des systèmes sources à une zone de transit, où elles peuvent être nettoyées et enrichies. Elles sont ensuite intégrées et stockées dans l'entrepôt de données ou dans un magasin de données opérationnelles (MDO)[44]. À partir de l'entrepôt, les utilisateurs peuvent accéder aux données via des magasins ou des cubes, et les utiliser pour divers types de rapports. Les mégadonnées suivent un processus similaire, mais avec une différence importante : alors que la plupart des entrepôts intègrent les données avant de les stockées, les solutions mégadonnées stockent les données avant de les intégrer. L'analyse des mégadonnées peut inclure l'analyse prédictive et l'exploration des données, ainsi que des formes plus traditionnelles de rapports.

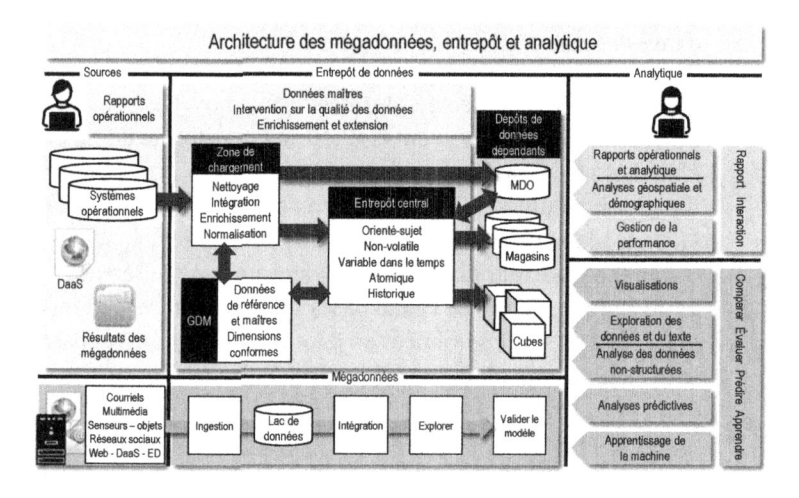

Figure 21: **Architecture conceptuelle des mégadonnées, entrepôt et analytique (DMBOK2, p. 391)**

CE QUE VOUS DEVEZ RETENIR

- Les processus utilisés pour activer et maintenir les données sont vastes, variés et en constante évolution.

- Les différents types de données ont des exigences de maintenance spécifiques, mais pour tous les types, une organisation doit tenir compte de la volatilité des données (le

---

[44] NDT: *Operational Data Store (ODS)* en anglais

rythme, le moment et les types de changements attendus) ainsi que de leur qualité (répondre aux besoins).

- Une bonne planification et une bonne conception peuvent contribuer à réduire la complexité associée à ces processus.

- Une technologie fiable et appropriée et une exécution disciplinée des processus opérationnels sont essentielles à la capacité d'une organisation à gérer ses données.

- Même si les données et la technologie évoluent (par exemple, des documents aux mégadonnées), les mêmes principes fondamentaux s'appliquent à leur gestion.

CHAPITRE 8

Utilisation et enrichissement des données

Une caractéristique des données qui les différencie des autres actifs est qu'elles ne sont pas « consommées » lorsqu'elles sont utilisées. Des personnes et des processus différents peuvent même utiliser les mêmes données en même temps, ou utiliser les mêmes données plusieurs fois sans les épuiser.[45] Non seulement les données ne peuvent pas être épuisées, mais de nombreuses utilisations des données créent en fait davantage de données. Par exemple, les agrégations et les calculs d'ensembles de données existants créent de nouveaux ensembles de données, tout comme les modèles prédictifs créés par les spécialistes des données. Dans de nombreux cas, ces nouveaux ensembles de données continueront à être produits et mis à jour. Ils nécessitent une gestion. Ils doivent être définis et pris en charge par le biais de métadonnées. Les attentes liées à leur qualité doivent également être définies. Leur accès et leur utilisation doivent être régis.

---

[45] Aiken et Billings, 2014.

Ce chapitre se penche sur les activités du cycle de vie des données où les données sont utilisées et enrichies, notamment :

- Utilisation des données maîtres;
- Informatique décisionnelle;
- Science des données;
- Analytique;
- Visualisation des données; et
- Monétisation des données.

UTILISATION DES DONNÉES MAÎTRES

L'utilisation des données maîtres illustre bien la manière dont l'utilisation des données est directement liée à leur enrichissement. Des données maîtres bien gérées permettent à une organisation de comprendre les entités (clients, fournisseurs, produits, etc.) avec lesquelles elle interagit et effectue des transactions commerciales.

Au cours du processus de transaction, une organisation en apprend davantage sur ces entités – ce qu'elles achètent, ce qu'elles vendent, comment mieux les contacter. Ce qu'elle apprend peut-être stockée au niveau de la transaction, mais ce sont des informations qui sont nécessaires pour maintenir leurs données de base (par exemple, les changements d'adresse, les mises à jour des informations de contact, etc.). Les données transactionnelles leur permettent également d'obtenir des données supplémentaires (par exemple, les préférences des clients, les habitudes d'achat, etc.) qui peuvent enrichir leurs données de base. L'interaction dynamique entre les différentes utilisations des données doit être prise en compte lors de la planification de la gestion globale des données, c'est l'objet particulier de la gestion des données maîtres.

INFORMATIQUE DÉCISIONNELLE

Le développement de rapports d'informatique décisionnelle est une autre activité où l'utilisation des données entraîne la création de nouvelles données qui nécessitent une gestion continue.

Le terme « informatique décisionnelle » (ID)[46] a deux significations.

- Premièrement, il s'agit d'un **type d'analyse de données** visant à comprendre les activités et les opportunités de l'organisation. Lorsqu'on dit que les données sont la clé de l'avantage concurrentiel, on exprime la promesse inhérente à l'activité d'informatique décisionnelle : si une organisation pose les bonnes questions sur ses propres données, elle peut obtenir des informations sur ses produits, ses services et ses clients qui lui permettent de prendre de meilleures décisions sur la manière d'atteindre ses objectifs stratégiques.

- Ensuite, l'informatique décisionnelle désigne un **ensemble de technologies qui soutiennent ce type d'analyse** des données. Les outils de l'ID permettent l'interrogation, l'exploration de données, l'analyse statistique, la création de rapports, la modélisation de scénarios, la visualisation de données et le tableau de bord. Ils sont utilisés pour tout, de la budgétisation aux rapports opérationnels, en passant par les mesures de performance des entreprises et les analyses avancées.

L'ID est l'un des principaux motifs de l'entreposage de données, car les activités traditionnelles de l'ID nécessitent des sources de données fiables et intégrées pour être utilisées. Les outils de l'ID doivent soutenir l'exploration des données, ainsi que la génération de rapports. L'ID peut évoluer rapidement à mesure que les analystes utilisent les données. Un programme réussi doit avoir des processus fondamentaux fiables pour :

- Maintenir et enrichir les données de base utilisées dans les rapports de l'ID et permettre l'incorporation de nouvelles données;

- Maintenir et enrichir l'ensemble des outils de l'ID;

- Gérer les métadonnées liées aux rapports de l'ID, afin que les parties prenantes comprennent les rapports eux-mêmes;

---

[46] NDT: *Business Intelligence* (BI) en anglais

- Documenter la traçabilité des données dans les rapports afin que les parties prenantes sachent d'où viennent les données;

- Fournir une boucle de rétroaction sur la qualité des données, afin que les rapports restent fiables et que des opportunités soient identifiées pour les améliorer.

En bref, la gestion des données créées par un programme d'ID suit les étapes du cycle de vie qui font partie de la gestion des données.

SCIENCE DES DONNÉES

La science des données existe depuis longtemps. On l'appelait autrefois la statistique appliquée. Mais la capacité à explorer les modèles de données a rapidement évolué au XXIe siècle avec l'avènement des technologies des mégadonnées.

La science des données fusionne l'exploration des données, l'analyse statistique et l'apprentissage automatique avec l'intégration des données et la modélisation des données, afin de construire des modèles prédictifs qui explorent les tendances du contenu des données. Le terme de science des données fait référence au processus de développement de modèles prédictifs. L'expert en science des données utilise la méthode scientifique (observation, hypothèse, expérimentation, analyse et conclusion) pour développer et évaluer un modèle analytique ou prédictif.

L'expert en science des données élabore une hypothèse sur le comportement qui peut être observé dans les données lors d'une action particulière. Par exemple, l'achat de ce type d'article est généralement suivi de l'achat d'un autre type d'article (l'achat d'une maison est généralement suivi de l'achat de meubles). Ensuite, il analyse de grandes quantités de données historiques pour déterminer la fréquence à laquelle l'hypothèse s'est vérifiée dans le passé et pour confirmer statistiquement l'exactitude du modèle.[47]

---

[47] Les modèles de science des données, qui contiennent une logique (algorithmes) permettant de traiter les données et de faire des prédictions à

Si une hypothèse est valide avec une fréquence suffisante, et si le comportement qu'elle prédit est utile, alors le modèle peut devenir la base d'un processus d'intelligence opérationnelle pour prédire le comportement futur, même éventuellement en temps réel comme les publicités de vente sélective.

À certains égards, la science des données peut être considérée comme une extension de l'ID. À d'autres égards, cependant, elle porte l'analyse et l'utilisation des données à un niveau très différent. L'ID traditionnelle fournit des rapports « rétroviseurs », c'est-à-dire l'analyse de données structurées pour décrire les tendances passées. Dans certains cas, les modèles de l'ID sont utilisés pour prédire le comportement futur, mais pas avec une grande crédibilité.

Jusqu'à récemment, l'analyse approfondie d'énormes jeux de données était limitée par la technologie. Les analyses reposaient sur l'échantillonnage ou d'autres moyens d'abstraction pour dégager des tendances. Avec l'augmentation de la capacité de collecte et d'analyse de grands ensembles de données, les spécialistes des données ont intégré des méthodes issues des mathématiques, des statistiques, de l'informatique, du traitement de signaux, de la modélisation des probabilités, de la reconnaissance des tendances, de l'apprentissage automatique, de la modélisation de l'incertitude et de la visualisation des données afin de mieux comprendre et de prévoir les comportements à partir de mégadonnées. En bref, la science des données a trouvé de nouvelles façons d'analyser et d'extraire des connaissances des données. Dans de nombreux cas, ces connaissances peuvent être traduites en valeur économique.

Avec l'arrivée des mégadonnées dans les environnements d'entreposage de données et de l'ID, les techniques de science des données peuvent fournir une vision prospective de l'organisation. Les capacités prédictives, en temps réel et basées sur des modèles, utilisant différents types de sources de données, offrent aux organisations un meilleur aperçu de la direction qu'elles prennent.

---

partir de celles-ci, ne sont pas la même chose que les modèles de données décrits au chapitre 6, qui documentent la structure des données et les relations entre les entités et les attributs des données.

Les modèles de science des données deviennent des sources de données. Il faut les surveiller et les exploiter pour en dégager des enseignements. Comme d'autres formes de science, la science des données crée de nouvelles connaissances, mais aussi de nouvelles hypothèses. La vérification des hypothèses donne lieu à de nouveaux modèles et à de nouvelles données. Tous ces éléments doivent être gérés si l'on veut qu'ils créent de la valeur au fil du temps. Les modèles doivent être «entraînés» et évalués. De nouvelles sources de données peuvent être intégrées aux modèles existants. Comme pour les autres données, le cycle de vie des données destinées à soutenir les efforts de science des données doit être pris en compte dans la planification et la stratégie.

ANALYTIQUE PRÉDICTIVE ET PRESCRIPTIVE

Une grande partie de la science des données est axée sur le désir de créer des modèles prédictifs, bien que tous ceux qui créent et utilisent ces modèles ne soient pas des experts en sciences des données. La forme la plus simple de modèle prédictif est la prévision. L'analyse prédictive est le sous-domaine de l'apprentissage automatique supervisé, ancré dans les statistiques, dans lequel les utilisateurs tentent de modéliser des éléments de données et de prédire les résultats futurs par l'évaluation des estimations de probabilité.

L'analyse prédictive exploite des modèles de probabilité basés sur des variables (y compris des données historiques) liées à des événements possibles (achats, changements de prix, etc.). Lorsqu'il reçoit d'autres informations, le modèle déclenche une réaction de l'organisation. Le facteur de déclenchement peut être un événement, tel qu'un client ajoutant un produit à un panier d'achat en ligne, ou des données dans un flux de données, tel qu'un flux d'actualités ou des données de capteurs de services publics, ou un volume accru de demandes de service. Le facteur de déclenchement peut être un événement externe. L'actualité concernant une entreprise peut servir de prédicteur d'une variation du cours des actions. La prédiction du mouvement des actions devrait inclure le suivi des nouvelles et la détermination de la probabilité que les nouvelles concernant une entreprise soient bonnes ou mauvaises pour le cours des actions.

Souvent, le facteur de déclenchement est l'accumulation d'un grand volume de données en temps réel, comme un nombre extrêmement élevé de transactions ou de demandes de service ou la volatilité de l'environnement. La surveillance d'un flux d'événements de données comprend la construction incrémentale des modèles alimentés jusqu'à ce qu'un seuil soit atteint qui active le déclencheur.

Le délai accordé à un modèle prédictif entre la prédiction et l'événement prévu est souvent très court (en secondes ou moins). L'investissement dans des solutions technologiques à très faible latence, telles que les bases de données en mémoire, les réseaux à haut débit, voire la proximité physique de la source des données, optimise la capacité d'une organisation à réagir à la prédiction.

L'analyse prescriptive pousse l'analyse prédictive un peu plus loin en définissant les actions qui affecteront les résultats, plutôt que de simplement prédire les résultats des actions qui se sont produites. L'analyse prescriptive anticipe ce qui va se produire, quand cela va se produire et implique pourquoi cela va se produire. Comme l'analyse prescriptive peut montrer les conséquences de diverses décisions, elle peut suggérer comment profiter d'une opportunité ou éviter un risque. L'analyse prescriptive peut continuellement prendre en compte de nouvelles données afin d'établir de nouvelles prédictions et de nouvelles prescriptions. Ce processus peut améliorer la précision des prédictions et aboutir à de meilleures prescriptions. Le tableau 3 résume la relation entre l'ID traditionnelle et la science des données.

Entrepôt de données ID Traditionnelle	Science des données/ Analyse prédictive	Science des données/ Analyse prescriptive
Rétrospection	Intuition	Prospection
Basé sur le passé : Que s'est-il produit? Pourquoi cela s'est-il produit?	Basé sur des modèles prédictifs : Que risque-t-il de se produire?	Sur la base de scénarios : Que devons-nous faire pour que les choses se produisent?
Description	Prédiction	Prescription

Tableau 3 : La progression de l'analytique

VISUALISATION DES DONNÉES

La visualisation est le processus d'interprétation des concepts, des idées et des faits à l'aide d'images ou de représentations graphiques. La visualisation des données facilite la compréhension des données sous-jacentes en les résumant sous une forme visuelle, comme un tableau ou un graphique. Les visualisations de données condensent et encapsulent les données statistiques, les rendant plus faciles à voir. Ce faisant, elles peuvent faire apparaître des opportunités, identifier des risques ou mettre en évidence des messages.[48]

La visualisation est depuis longtemps essentielle à l'analyse des données. Les outils d'ID traditionnels comprennent des options de visualisation telles que des tableaux, des camemberts, des graphiques linéaires, des diagrammes de zone, des diagrammes à barres, des histogrammes et des boîtes à clés (également appelées chandeliers).

La figure 22, un graphique de contrôle, représente un exemple classique de visualisation de données. Il permet à l'observateur de saisir rapidement l'évolution des données dans le temps. En fonction de ce que le graphique révèle, un analyste peut examiner de plus près les détails.

La figure 23 montre un exemple simple de visualisation de données, un « rapport sur l'énergie domestique » présenté par ENMAX, une société de services publics basée en Alberta, au Canada, à ses consommateurs. Cette infographie aide les consommateurs à comprendre la consommation d'énergie de leur maison par rapport à la population de maisons similaires et à la population de maisons efficaces. Bien que ce rapport ne contienne pas de recommandations pour économiser l'énergie, il peut aider les

---

[48] La visualisation de données est un domaine en pleine évolution mais les principes qui la guident sont basés sur des principes de conception. Voir Tufte, (2001) et McCandless (2012). De nombreuses ressources sur le web existent avec des exemples et des contre-exemples. Voir « *Periodic Table of Visualization Methods* » sur le site de Visual Literacy https://bit.ly/IX1bvI.

consommateurs à poser des questions pertinentes et à se fixer des objectifs appropriés[49].

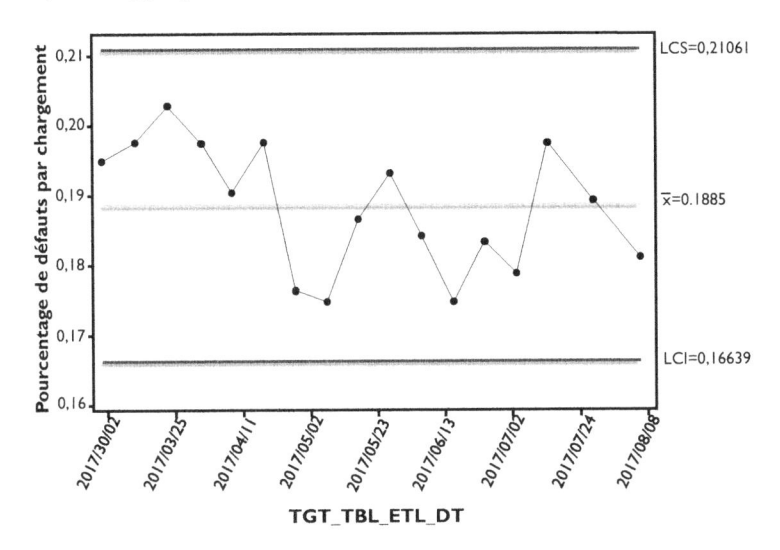

Figure 22: Exemple typique d'un graphique de contrôle (DMBOK2, p. 489)

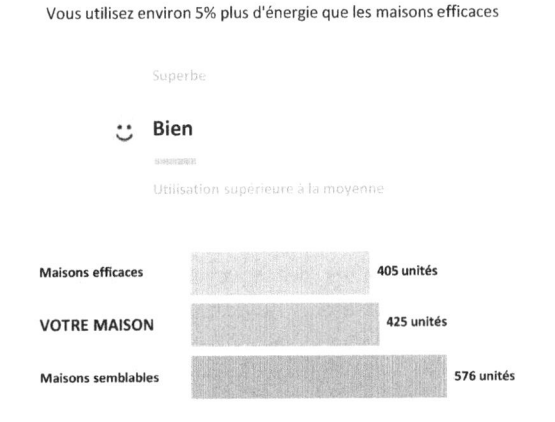

Figure 23: Rapport sur l'énergie domestique présenté par ENMAX

---

[49] *Data for Business Performance*, Southekal, Prashanth, Technics Publications, 2017.

Les principes de ces exemples simples sont fortement exploités dans les applications de science des données. La visualisation des données est essentielle à la science des données, car sans elle, l'interprétation des données est presque impossible. Les tendances dans un grand ensemble de données peuvent être difficiles, voire impossibles, à reconnaître dans un affichage de chiffres. Une tendance peut être détectée assez rapidement lorsque des milliers de points de données sont présentés dans un affichage visuel.

Les visualisations de données peuvent être fournies dans un format statique, tel qu'un rapport publié, ou dans un format en ligne plus interactif. Certaines technologies de visualisation permettent aux analystes de passer d'une couche de données à une autre, grâce à des filtres ou à la possibilité de forer les données. D'autres permettent à l'utilisateur de modifier la visualisation à la demande grâce à des affichages innovants, tels que des cartes de données et des paysages mobiles de données dans le temps.

Pour répondre au besoin croissant de comprendre les données, le nombre d'outils de visualisation a augmenté et les techniques se sont améliorées. À mesure que l'analyse des données gagne en maturité, la visualisation des données sous de nouvelles formes offrira des avantages stratégiques. L'observation de nouvelles tendances dans les données peut déboucher sur de nouvelles opportunités commerciales. Comme la visualisation des données continue d'évoluer, les organisations devront développer leurs équipes d'informatique décisionnelle pour être compétitives dans un monde de plus en plus axé sur les données. Les départements d'analyse commerciale rechercheront des experts en données dotés de compétences en visualisation (notamment des spécialistes en sciences des données, des artistes des données et des experts en vision des données), en plus des spécialistes en architecture de l'information et des modélisateurs de données traditionnels, compte tenu notamment des risques associés à une visualisation trompeuse.

Un facteur de réussite essentiel dans la mise en œuvre d'une approche de science des données est l'alignement des outils de visualisation appropriés à la communauté des utilisateurs. En fonction de la taille et de la nature de l'organisation, il est probable que de nombreux outils de visualisation différents soient utilisés dans une variété de processus. Assurez-vous que les utilisateurs comprennent la complexité relative des outils de visualisation. Les utilisateurs sophistiqués auront des demandes de plus en plus complexes. Une coordination entre les équipes d'architecture d'entreprise, de gestion de portefeuille et de maintenance sera nécessaire pour contrôler les canaux de visualisation au sein et entre les projets du portefeuille. Sachez que la modification des sources de données ou des critères de sélection aura probablement des répercussions en aval sur les éléments disponibles pour la visualisation, ce qui peut avoir un impact sur l'efficacité des outils.

Une bonne pratique consiste à créer une équipe chargée de définir et de publier des normes et des directives en matière de visualisation et d'examiner les artefacts dans le cadre d'une méthode de livraison spécifique; cela est particulièrement important pour le contenu destiné aux clients et aux organismes de réglementation.

Comme d'autres utilisations des données, la visualisation des données crée de nouveaux ensembles de données, sous la forme des visualisations elles-mêmes, et dans les méthodes par lesquelles les données sont combinées afin d'être présentées dans un format graphique. Vous l'avez deviné, on doit également gérer ces données.

MONÉTISATION DES DONNÉES

Toute organisation engagée dans la science des données ou d'autres formes d'analyse est susceptible d'obtenir des informations précieuses sur ses propres clients, produits, services et processus. L'analytique avancée peut également générer des informations sur des entités externes. Une telle organisation est également susceptible de développer des techniques qui pourraient être utiles à d'autres. Si ces connaissances et ces techniques peuvent être conditionnées et vendues, l'organisation exploitera ses données non seulement comme un actif, mais aussi comme un produit. Dans certains milieux, la monétisation directe des données est perçue comme le Saint Graal de la gestion des données. Certaines entreprises (Dun & Bradstreet, Google, Amazon) ont fait de la monétisation de leurs données une activité commerciale. Mais la vente de données et d'informations n'est pas le seul moyen de valoriser les actifs de données.

Dans leur livre *Monetizing Data Management*, Peter Aiken et Juanita Billings soulignent que peu d'organisations exploitent l'avantage stratégique qu'elles peuvent tirer de leurs données, « le seul actif stratégique, durable, inépuisable et non dégradable d'une organisation ».[50] Ils font valoir que l'amélioration des pratiques de gestion des données est le premier moyen de dégager davantage de valeur des données. Une organisation qui accorde une valeur monétaire à des pratiques efficaces de gestion des données produira des données de meilleure qualité et sera en mesure d'en faire plus.

Aiken et Billings affirment que de bonnes pratiques de gestion des données constituent également le fondement d'une innovation réussie en matière d'utilisation des données. Les mauvaises pratiques de gestion des données, en revanche, coûtent de l'argent et introduisent des risques dans les nouvelles initiatives et les processus existants. Les auteurs présentent des études de cas démontrant que les mauvaises pratiques de gestion des données peuvent entraîner un gaspillage direct par le biais d'un travail redondant et, avec lui, la création de données redondantes, des métadonnées médiocres ou manquantes, des processus confus et des informations incorrectes. Ils fournissent également des exemples des avantages des pratiques disciplinées de gestion des données. Par exemple, des pratiques de gestion des métadonnées claires et exécutables augmentent les connaissances organisationnelles et rendent ces connaissances transférables.

Dans *Infonomics,* une étude complète sur la gestion de l'information en tant qu'actif, Douglas Laney présente un large éventail d'études de cas démontrant comment les organisations ont exploité leurs actifs informationnels pour créer de la valeur. Bien que les industries, les activités et les produits diffèrent, la création de valeur économique à partir des données se résume à deux méthodes de base :

---

[50] Aiken and Billings, 2014.

- Échanger des informations contre des biens, des services ou de l'argent; et

- Utiliser l'information pour augmenter les revenus, réduire les dépenses ou gérer les risques.

Laney présente douze motivations commerciales pour la monétisation des données. L'une des premières façons d'obtenir de la valeur est d'utiliser plus efficacement les données organisationnelles pour fidéliser les clients existants, pénétrer de nouveaux marchés et créer de nouveaux produits. Mais Laney va au-delà de l'évidence. Par exemple, de meilleures données peuvent améliorer l'efficacité organisationnelle en permettant à une entreprise de réduire les coûts de maintenance, de négocier de meilleures conditions, de détecter les fraudes et les gaspillages, ou de défrayer les coûts de gestion des données.

Au-delà de la capacité à exécuter leurs opérations, de nombreuses organisations ont à peine exploité la promesse d'obtenir de la valeur de leurs données. Pour certaines d'entre elles, comme le montrent les études de cas d'Aiken et Billings et de Laney et comme le confirment d'autres recherches, des données de faible qualité constituent un handicap important. D'autres, en revanche, ont réussi à se démarquer, en apportant des améliorations opérationnelles ainsi qu'une monétisation directe. Les études de cas montrent que les utilisations innovantes des données nécessitent une gestion fiable des données. Si toutes les organisations ne souhaitent pas vendre leurs données, elles veulent toutes avoir confiance dans les décisions qu'elles prennent sur la base de leurs données. La première étape dans cette direction est de bien les gérer.

CE QUE VOUS DEVEZ RETENIR

- Lorsqu'une organisation utilise des données, elle crée également de nouvelles données qui doivent être gérées tout au long de leur cycle de vie. Les exigences en matière de gestion du cycle de vie sont souvent négligées lors du développement de l'analytique.

- Ces nouvelles données sont souvent les données les plus précieuses qu'une organisation puisse posséder car elles sont la source de révélations.

- En raison de l'évolution des technologies et des méthodes, ces nouvelles données peuvent être créées d'une manière qui a un impact sur la façon dont les exigences de gestion des données peuvent être satisfaites.

- Si les nouvelles technologies offrent des moyens innovants de travailler avec les données, elles coexistent et interagissent également avec les données et les technologies existantes.

- De nombreuses organisations cherchent à valoriser leurs données en les monétisant. Un point de départ logique consiste à améliorer les pratiques de gestion des données. Ce travail peut à la fois améliorer l'efficacité et créer des conditions optimales pour une monétisation directe.

CHAPITRE 9

Protection des données, confidentialité, sécurité et gestion des risques

La gestion des données tout au long de leur cycle de vie dépend d'un ensemble de processus fondamentaux qui permettent l'utilisation et l'amélioration continues des données. Il s'agit entre autres de protéger les données contre une utilisation non autorisée, de gérer les métadonnées (les connaissances nécessaires pour comprendre et utiliser les données) et de gérer la qualité des données. Comme indiqué précédemment, les activités fondamentales doivent être prises en compte dans le cadre de la planification et de la conception, et elles doivent être exécutées de manière opérationnelle. Ces activités sont également soutenues par les structures de gouvernance et font partie intégrante de leur succès (voir la figure 1).

Ce chapitre traite de la protection et de la sécurité des données. La sécurité des données comprend la planification, le développement et la mise en place des politiques et procédures de sécurité afin de faire l'authentification, l'autorisation, les accès et l'audit appropriés des données et des actifs informationnels.

OBJECTIFS DE LA SÉCURITÉ DES DONNÉES

Les spécificités de la sécurité des données (quelles données doivent être protégées, par exemple) diffèrent selon les domaines et les pays. Mais l'objectif des pratiques de sécurité des données est le même : protéger les actifs informationnels en conformité avec les réglementations sur la vie privée et la confidentialité, les accords contractuels et les exigences commerciales. Ces exigences proviennent de :

- **Parties prenantes :** Les organisations doivent reconnaître les besoins en matière de vie privée et de confidentialité de leurs parties prenantes, dont leurs clients, patients, étudiants, citoyens, fournisseurs ou partenaires commerciaux. Chaque membre d'une organisation doit être un dépositaire responsable des données relatives aux parties prenantes.

- **Réglementations gouvernementales** Les réglementations gouvernementales sont en place pour protéger les intérêts de certaines parties prenantes. Les réglementations ont des objectifs différents. Certaines restreignent l'accès à l'information, tandis que d'autres garantissent l'ouverture, la transparence et la redevabilité. Les réglementations diffèrent d'un pays à l'autre, ce qui signifie que les organisations qui opèrent à l'échelle internationale doivent être conscientes des exigences en matière de protection des données et être en mesure de les respecter là où elles font des affaires.

- **Préoccupations commerciales exclusives :** Chaque organisation a des données exclusives à protéger. Les données d'une organisation lui permettent de mieux connaître ses clients et, lorsqu'elles sont exploitées efficacement, elles peuvent lui procurer un avantage concurrentiel. Si ces données sont volées ou compromises, une organisation peut perdre son avantage concurrentiel.

- **Besoins d'accès légitimes :** Lorsqu'elles sécurisent les données, les organisations doivent également permettre un accès légitime. Les processus opérationnels exigent que les personnes occupant certains rôles puissent accéder aux données, les utiliser et les conserver.

- **Obligations contractuelles :** Les accords contractuels et de non-divulgation influencent également les exigences en matière de sécurité des données. Par exemple, la norme PCI, un accord entre les sociétés de cartes de crédit et les entreprises commerciales, exige que certains types de données soient protégés de manière définie (par exemple, le chiffrement obligatoire des mots de passe des clients).

Des politiques et procédures efficaces en matière de sécurité des données permettent aux bonnes personnes d'utiliser et de mettre à jour les données de la bonne manière, et restreignent tout accès et toute mise à jour inappropriés (voir la figure 24)[51].

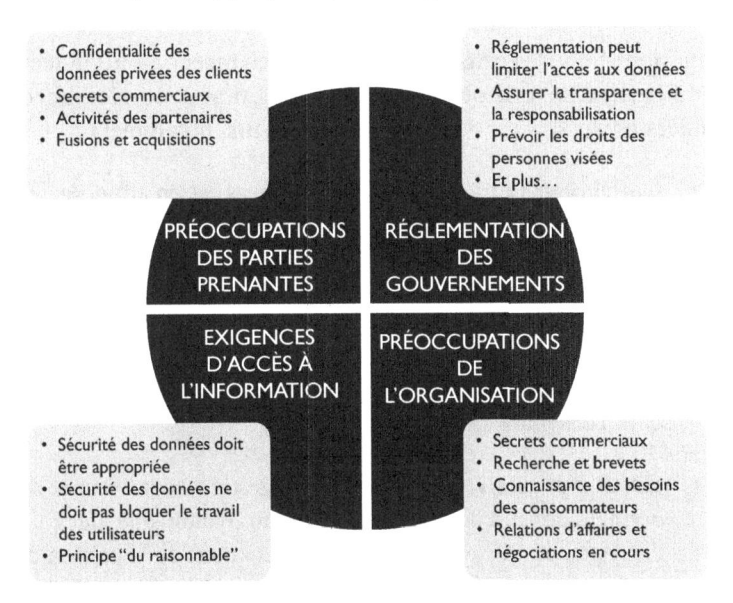

Figure 24: Sources des exigences de sécurité des données (DMBOK p. 218)

---

[51] Ray, 2012.

Il est dans l'intérêt de chaque organisation de comprendre et de respecter les préoccupations et les besoins de toutes les parties prenantes en matière de vie privée et de confidentialité. Les relations avec les clients, les fournisseurs et les électeurs reposent toutes sur une utilisation responsable des données et en dépendent.

Les objectifs des activités de sécurité des données comprennent :

- Permettre un accès approprié et empêcher tout accès inapproprié aux actifs de données de l'entreprise;
- Assurer la conformité avec les réglementations et les politiques en matière de vie privée, de protection et de confidentialité;
- S'assurer que les exigences des parties prenantes en matière de vie privée et de confidentialité sont satisfaites.

PRINCIPES DE LA SÉCURITÉ DES DONNÉES

Étant donné que les exigences spécifiques changent au fil du temps et diffèrent d'un endroit à l'autre, les pratiques de sécurité des données doivent suivre des principes directeurs, notamment :

- **Collaboration :** La sécurité des données est un effort de collaboration impliquant l'équipe de la sécurité informatique, les intendants des données, la gouvernance des données, les équipes d'audit interne et externe, et le service juridique.

- **Approche d'entreprise :** Les normes et politiques de sécurité des données doivent être appliquées de manière cohérente dans l'ensemble de l'organisation.

- **Gestion proactive :** Le succès de la gestion de la sécurité des données dépend de la proactivité et du dynamisme, de l'engagement de toutes les parties prenantes, de la gestion du changement et du contournement des goulots d'étranglement organisationnels ou culturels tels que la séparation habituelle des responsabilités entre la sécurité de l'information, les technologies de l'information, l'administration des données et les parties prenantes commerciales.

- **Une redevabilité claire :** Les rôles et les responsabilités doivent être clairement définis, y compris la « chaîne de responsabilité » des données entre les organisations et les rôles.

- **Axé sur les métadonnées** : La classification de sécurité des éléments de données est une partie essentielle de la définition des données.

- **Réduire les risques en réduisant l'exposition** : minimiser la prolifération des données sensibles ou confidentielles, notamment dans les environnements hors production.

La réduction des risques et la croissance commerciale sont les principaux motifs des activités de sécurité des données. S'assurer que les données d'une organisation sont sécurisées réduit le risque et ajoute un avantage concurrentiel. La sécurité est en soi un actif précieux. Il existe également un impératif éthique de protéger les données (voir le chapitre 4).

Les risques pour la sécurité des données sont liés à la réputation, à la conformité réglementaire, à la responsabilité fiduciaire envers l'entreprise et les actionnaires, ainsi qu'à la responsabilité légale et morale de protéger les informations privées et sensibles des employés, des partenaires commerciaux et des clients. Les fraudes de données peuvent entraîner une perte de réputation et de confiance des clients. Les organisations peuvent se voir infliger des amendes en cas de non-respect de la réglementation et des obligations contractuelles. Les problèmes de sécurité des données, les fraudes et les restrictions injustifiées de l'accès des employés aux données peuvent avoir un impact direct sur le succès opérationnel.

La croissance des entreprises comprend l'atteinte et le maintien des objectifs opérationnels de l'entreprise. À l'échelle mondiale, la technologie électronique est omniprésente au bureau, dans le commerce et à la maison. Les ordinateurs de bureau et portables, les téléphones intelligents, les tablettes et autres appareils sont des éléments importants de la plupart des opérations commerciales et gouvernementales. La croissance explosive du commerce électronique a changé la façon dont les organisations offrent des biens et des services. Dans leur vie personnelle, les individus ont pris l'habitude de faire des affaires en ligne avec des fournisseurs de biens, des agences médicales, des services publics, des bureaux gouvernementaux et des institutions financières. Un commerce électronique fiable est source de profit et de croissance. La qualité des produits et des services est liée à la sécurité de l'information de manière assez directe : une sécurité de l'information solide permet les transactions et renforce la confiance des clients.

Les objectifs d'atténuation des risques et de croissance de l'entreprise peuvent être complémentaires et se soutenir mutuellement s'ils sont intégrés dans une stratégie cohérente de gestion et de protection des informations.

SÉCURITÉ DES DONNÉES ET LA GESTION DES DONNÉES D'ENTREPRISE

Les exigences en matière de conformité augmentent à mesure que les réglementations relatives aux données se multiplient, généralement en réponse aux vols et aux fraudes de données. Les équipes de sécurité sont souvent chargées de gérer non seulement les exigences de conformité informatique, mais aussi les politiques, les pratiques, les classifications de données et les règles d'autorisation d'accès dans l'ensemble de l'entreprise.

Comme pour les autres aspects de la gestion des données, il est préférable d'aborder la sécurité des données en tant qu'initiative d'entreprise, et ce tout au long du cycle de vie des données (voir la figure 25). Sans un effort coordonné, les divisions de l'entreprise trouveront des solutions différentes aux besoins de sécurité, ce qui augmentera le coût global tout en affaiblissant probablement la sécurité en raison d'une protection incohérente. Une architecture ou des processus de sécurité inefficaces peuvent coûter cher aux organisations en raison des fraudes et de la perte de productivité. Une stratégie de sécurité opérationnelle correctement financée, axée sur les systèmes et cohérente dans toute l'entreprise réduira ces risques.

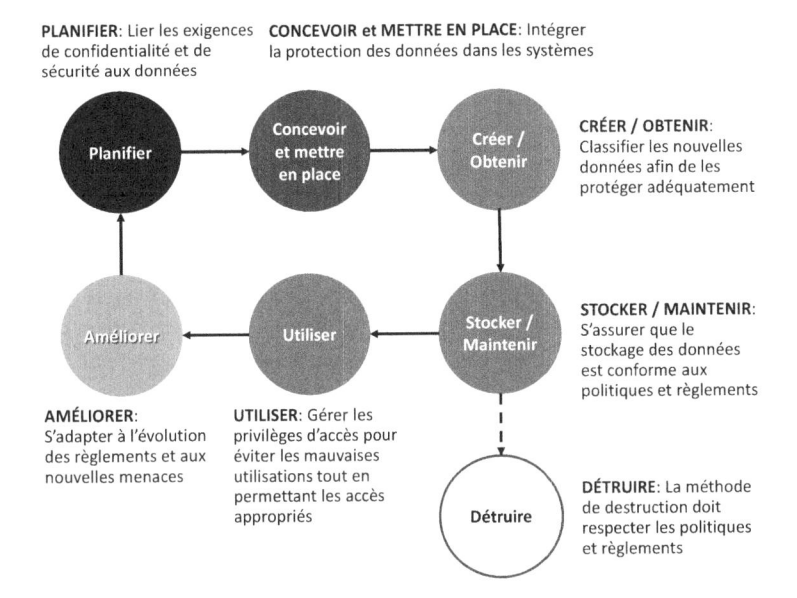

Figure 25: Sécurité des données dans leur cycle de vie (adaptée de DMBOK2, p. 29)

La sécurité des données et des informations commence par l'évaluation de l'état actuel des données d'une organisation afin d'identifier les données qui doivent être protégées. Le processus comprend les étapes suivantes :

- **Identifier et classifier les actifs de données sensibles :** Selon le domaine d'activité et l'organisation, il peut y avoir peu ou beaucoup d'actifs, et un éventail de données sensibles : identification personnelle, médicale, financière, etc.

- **Localisez les données sensibles dans l'ensemble de l'entreprise :** Les exigences de sécurité peuvent différer selon l'endroit où les données sont stockées. Une quantité importante de données sensibles dans un seul endroit présente un risque élevé en raison des dommages causés par une seule brèche.

- **Déterminez comment chaque actif doit être protégé :** Les mesures nécessaires pour assurer la sécurité peuvent varier d'un actif à l'autre, en fonction du contenu des données et du type de technologie.

- **Identifier comment ces informations interagissent avec les processus métier** : L'analyse des processus métier est nécessaire pour déterminer quels accès sont autorisés et dans quelles conditions.

En plus de la classification des données elles-mêmes, il est nécessaire d'évaluer les menaces externes, telles que celles des pirates et des criminels, et les risques internes posés par les employés et les processus. De nombreuses données sont perdues ou exposées par l'ignorance d'employés qui n'ont pas réalisé que les informations étaient très sensibles ou qui ont contourné les politiques de sécurité. Les données de vente des clients laissées sur un serveur Web qui est piraté, la base de données des employés téléchargée sur l'ordinateur portable d'un sous-traitant qui est ensuite volé, et les secrets commerciaux laissés en clair dans l'ordinateur d'un cadre qui disparaît, sont tous le résultat de contrôles de sécurité manquants ou non appliqués.

Ces dernières années, l'impact des failles de sécurité sur des marques bien établies a entraîné d'énormes pertes financières et une baisse de la confiance des clients. Non seulement les menaces externes provenant de la communauté des pirates informatiques deviennent plus sophistiquées et ciblées, mais le montant des dommages causés par les menaces externes et internes, intentionnelles ou non, n'a cessé d'augmenter au fil des ans[52]

LES MÉTADONNÉES ET LA SÉCURITÉ DES DONNÉES

Une approche de la gestion des données sensibles passe par les métadonnées. Les classifications de sécurité et la sensibilité réglementaire peuvent être saisies au niveau des éléments de données et des jeux de données. Il existe des technologies

---

[52] Kark, 2009.

permettant d'étiqueter les données de sorte que les métadonnées accompagnent les informations lorsqu'elles circulent dans l'entreprise. Le développement d'un référentiel principal des caractéristiques des données permet à toutes les parties de l'entreprise de savoir précisément quel niveau de protection les informations sensibles requièrent.

Si une norme commune est appliquée, cette approche permet à plusieurs départements, unités commerciales et fournisseurs d'utiliser les mêmes métadonnées. Les métadonnées de sécurité standard peuvent optimiser la protection des données et guider les processus d'utilisation commerciale et de soutien technique, ce qui permet de réduire les coûts. Cette couche de sécurité de l'information peut contribuer à empêcher l'accès non autorisé aux actifs de données et leur utilisation abusive.

Lorsque les données sensibles sont correctement identifiées comme telles, les organisations renforcent la confiance de leurs clients et partenaires. Les métadonnées liées à la sécurité deviennent elles-mêmes un actif stratégique, augmentant la qualité des transactions, des rapports et des analyses commerciales, tout en réduisant le coût de la protection et les risques associés que représentent les informations perdues ou volées.

La classification des données est une condition préalable à la gestion de la sécurité des données. Deux concepts déterminent les restrictions de sécurité :

- **Niveau de confidentialité :** *Confidentiel* signifie secret ou privé. Les organisations déterminent quels types de données ne doivent pas être connus à l'extérieur de l'organisation, ou même au sein de certaines parties de l'organisation. Les informations confidentielles ne sont partagées que sur la base du « besoin de savoir ». Les niveaux de confidentialité dépendent des personnes qui ont besoin de connaître certains types d'informations.

- **Catégories réglementaires :** Elles sont attribuées en fonction de règles externes, telles que les lois, les traités, les accords douaniers et les réglementations sectorielles. Les informations réglementaires sont partagées sur la base de l'autorisation d'accès. La manière dont les données peuvent être partagées est régie par les détails de la réglementation.

La principale différence entre les restrictions confidentielles et les réglementaires est l'origine de la restriction : les restrictions de confidentialité ont une origine interne, tandis que les restrictions réglementaires sont définies à l'extérieur.

Une autre différence est que tout jeu de données, tel qu'un document ou une vue de base de données, ne peut avoir qu'un seul niveau de confidentialité. Ce niveau est établi en fonction de l'élément le plus sensible (ou avec la classification la plus élévée) de ce jeu de données. Les classifications réglementaires sont toutefois additives. Un seul jeu de données peut contenir des données restreintes en fonction de plusieurs catégories réglementaires. Pour garantir la conformité réglementaire, appliquez toutes les mesures requises pour chaque catégorie, ainsi que les exigences de confidentialité.

Lorsqu'elles sont appliquées à l'accessibilité de l'utilisateur (l'agrégation des éléments de données particuliers auxquels une autorisation d'utilisateur donne accès), toutes les politiques de protection doivent être suivies, qu'elles soient interne ou externe.

ARCHITECTURE DE SÉCURITÉ DES DONNÉES

L'architecture d'entreprise définit les actifs informationnels et les composants d'une entreprise, leurs interrelations et les règles métier concernant la transformation, les principes et les directives. L'architecture de sécurité des données est la composante de l'architecture d'entreprise qui décrit comment la sécurité des données est mise en œuvre au sein de l'entreprise pour satisfaire aux règles métier et aux réglementations externes. Cette architecture influence les :

- Outils utilisés pour gérer la sécurité des données;
- Normes et mécanismes de chiffrement des données;
- Directives d'accès aux fournisseurs et sous-traitants externes;

- Protocoles de transmission des données sur Internet;
- Exigences en matière de documentation;
- Normes d'accès à distance;
- Procédures de signalement des incidents de sécurité.

L'architecture de sécurité est particulièrement importante pour l'intégration des données entre :

- Les systèmes internes, les départements de l'entreprise;
- Une organisation et ses partenaires commerciaux externes;
- Une organisation et les organismes de réglementation.

Par exemple, une architecture d'intégration orienté service entre des parties internes et externes exigerait une mise en œuvre de la sécurité des données différente de l'architecture d'intégration traditionnelle de l'échange de données électroniques (EDE)[53].

Dans une grande entreprise, la coordination formelle entre ces disciplines est essentielle pour protéger les informations contre l'utilisation abusive, le vol, l'exposition et la perte. Chaque partie doit être au courant des éléments qui concernent les autres, afin qu'elles puissent parler un langage commun et travailler à des objectifs partagés.

PLANIFICATION DE LA SÉCURITÉ DES DONNÉES

La planification de la sécurité comprend la planification des processus ainsi que la classification des données et la planification architecturale. Elle comprend la sécurité non seulement des systèmes, mais aussi des installations, des appareils et des informations d'identification. La mise en œuvre de bonnes pratiques commence par l'identification des exigences. Celles-ci reposent en grande partie sur les réglementations applicables à des secteurs ct à des zones géographiques particuliers. Il est important de s'assurer qu'une organisation peut répondre aux exigences qui peuvent être imposées par ceux avec qui elle interagit. Par exemple, l'Union

---

[53] NDT : *Electronic Data Interchange (EDI)* en anglais.

européenne a des exigences plus strictes en matière de confidentialité que les États-Unis. Les exigences seront également fondées sur les risques liés au portefeuille de systèmes de l'organisation elle-même.

Les exigences doivent être formalisées dans des politiques à l'échelle de l'entreprise et soutenues par des normes claires pour des éléments tels que les niveaux de classification. Les politiques et les normes doivent être mises à jour en fonction de l'évolution de la réglementation. Le personnel aura besoin d'une formation continue, et l'accès aux données et l'utilisation du système devront être contrôlés pour garantir la conformité.

La culture d'entreprise influence profondément la manière dont nous assurons la sécurité des données. Les organisations finissent souvent par réagir aux crises, au lieu de gérer de manière proactive la redevabilité et de garantir l'auditabilité. S'il est pratiquement impossible d'assurer une sécurité parfaite des données, le meilleur moyen d'éviter les fraudes de sécurité des données est de faire connaître et comprendre les exigences, les politiques et les procédures de sécurité. Les organisations peuvent améliorer la conformité avec :

- **Formation :** Promotion des normes par la formation aux initiatives de sécurité à tous les niveaux de l'organisation. Faites suivre la formation de mécanismes d'évaluation tels que des tests en ligne axés sur l'amélioration de la sensibilisation des employés. Cette formation et ces tests devraient être obligatoires et constituer une condition requise lors de l'évaluation des performances des employés.

- **Politiques cohérentes :** Définition de politiques de sécurité des données et de conformité réglementaire pour les groupes de travail et les départements, qui complètent et alignent les politiques de l'entreprise. L'adoption d'un état d'esprit « agir localement » permet d'impliquer les gens plus activement.

- **Mesurer les avantages de la sécurité :** Reliez les avantages de la sécurité des données aux initiatives de l'organisation. Les organisations devraient inclure des paramètres objectifs pour les activités de sécurité des données dans les mesures de leur tableau de bord et les évaluations de projets.

- **Définissez des exigences de sécurité pour les fournisseurs :** Incluez des exigences en matière de sécurité des données dans les accords de niveau de service et les obligations contractuelles de sous-traitance. Ces accords doivent inclure toutes les mesures de protection des données.

- **Créez un sentiment d'urgence :** Mettez l'accent sur les exigences légales, contractuelles et réglementaires afin de créer un sentiment d'urgence et un cadre interne pour la gestion de la sécurité des données.

- **Communications permanentes :** Établissez un programme continu de formation des employés à la sécurité qui les informe des pratiques de sécurité informatique et des menaces actuelles. Un programme permanent montre que la sécurité informatique est suffisamment importante pour que la direction la soutienne.

CE QUE VOUS DEVEZ RETENIR

- La gestion de la sécurité des données est à la base du succès de la gestion des données. Une protection adéquate des données est nécessaire pour répondre aux attentes des parties prenantes, et c'est également la bonne chose à faire pour l'entreprise.

- Les données gérées selon les meilleures pratiques de gestion des données sont également plus faciles à protéger, car elles peuvent être classifiées et étiquetées avec un haut degré de fiabilité.

- Ces pratiques comprennent : l'adoption d'une approche d'entreprise pour la planification de la sécurité, l'établissement d'une architecture de sécurité fiable et la gestion des métadonnées liées à la sécurité.

- La nécessité de protéger les données exige de s'assurer que les fournisseurs et les partenaires sécurisent leurs données.

- Des pratiques robustes et démontrables en matière de sécurité des données peuvent devenir un facteur de différenciation, car elles instaurent la confiance.

CHAPITRE 10
Gestion des Métadonnées

Tout au long de cet ouvrage, nous avons évoqué l'utilisation et la gestion des métadonnées. L'un des principes de la gestion des données est que les métadonnées sont essentielles pour gérer les données. En d'autres termes, vous avez besoin de données pour gérer des données. Les métadonnées décrivent les données dont vous disposez. Et si vous ne savez pas de quelles données vous disposez, vous ne pouvez pas les gérer. La gestion des métadonnées est une activité fondamentale qui doit être menée à bien tout au long du cycle de vie des données. Le cycle de vie des métadonnées doit également être géré.

La définition la plus courante des métadonnées, « données sur les données », est d'une simplicité trompeuse. Pour certains, c'est malheureusement une source de confusion plutôt que de clarification, car de nombreux types d'informations peuvent être classés dans la catégorie des métadonnées, et il n'existe pas de frontière claire entre les données et les métadonnées. Au lieu d'essayer de tracer cette ligne, nous allons décrire comment les métadonnées sont utilisées et pourquoi elles sont si importantes.

Pour comprendre le rôle essentiel des métadonnées dans la gestion des données, imaginez une grande bibliothèque, avec des centaines de milliers de livres et de magazines, mais sans catalogue sur fiches. Sans catalogue, les lecteurs ne sauraient peut-être même pas comment commencer à chercher un livre spécifique ou même un sujet précis. Le catalogue ne fournit pas seulement les informations nécessaires (quels sont les livres et les documents que possède la bibliothèque et où ils sont rangés), il permet également aux usagers de trouver des documents en utilisant différents points de départ (domaine, auteur ou titre). Sans le catalogue, il serait difficile, voire impossible, de trouver un livre spécifique. Une organisation sans métadonnées est comme une bibliothèque sans catalogue.

Comme les autres données, les métadonnées doivent être gérées. À mesure que la capacité des organisations à collecter et à stocker des données augmente, le rôle des métadonnées dans la gestion des données prend de l'importance. Mais la gestion des métadonnées n'est pas une fin en soi ; c'est un moyen pour une organisation de tirer davantage de valeur de ses données. Pour être guidée par les données, une organisation doit être axée sur les métadonnées.

LES AVANTAGES DES MÉTADONNÉES

Dans la gestion des données, les métadonnées comprennent des informations sur les processus techniques et métiers, les règles et contraintes relatives aux données, ainsi que les structures logiques et physiques des données. Elles décrivent les données elles-mêmes (par exemple, les bases de données, les éléments de données, les modèles de données), les concepts que les données représentent (par exemple, les processus opérationnels, les applications, le code logiciel, l'infrastructure technologique) et les connexions (relations) entre les données et les concepts. Les métadonnées aident une organisation à comprendre ses données, ses systèmes et ses flux de travail. Elles permettent d'évaluer la qualité des données et font partie intégrante de la gestion des bases de données et autres applications. Elles contribuent à la capacité de traiter, maintenir, intégrer, sécuriser, auditer et gouverner d'autres données.

Les données ne peuvent être gérées sans métadonnées. En outre, les métadonnées doivent elles-mêmes être gérées. Des métadonnées fiables et bien gérées aident à :

- Augmenter la confiance dans les données en fournissant un contexte, en permettant une représentation cohérente des mêmes concepts et en permettant de mesurer la qualité des données.

- Augmenter la valeur des informations stratégiques (par exemple, les données maîtres) en permettant des utilisations multiples.

- Améliorer l'efficacité opérationnelle en identifiant les données et les processus redondants.

- Empêcher l'utilisation de données périmées ou incorrectes.

- Protéger les informations sensibles.

- Réduire le temps de recherche de données.

- Améliorer la communication entre les consommateurs de données et les professionnels de l'informatique.

- Créer une analyse d'impact précise, réduisant ainsi le risque d'échec du projet.

- Réduire le délai de mise sur le marché en réduisant la durée du cycle de développement du système.

- Réduire les coûts de formation et l'impact de la rotation du personnel grâce à une documentation complète du contexte, de l'historique et de l'origine des données.

- Soutenir la conformité réglementaire.

Les organisations bénéficient davantage de leurs actifs de données si ces dernières sont de haute qualité. La qualité des données dépend de la gouvernance. Parce qu'elles expliquent les données et les processus qui permettent aux organisations de fonctionner, les métadonnées sont essentielles à la gouvernance des données. Si les métadonnées sont un guide pour les données d'une organisation, elles doivent être bien gérées. Des métadonnées mal gérées conduisent à des :

- Données redondantes et processus de gestion des données;
- Dictionnaires, référentiels et autres stockages de métadonnées répliqués et redondants;
- Définitions incohérentes des éléments de données et risques associés à une mauvaise utilisation des données;
- Sources et versions de métadonnées concurrentes et contradictoires, qui réduisent la confiance des consommateurs de données;
- Doutes sur la fiabilité des métadonnées et des données.

Une gestion des métadonnées bien menée permet une compréhension cohérente des ressources de données et un développement transversal plus efficace.

TYPES DE MÉTADONNÉES

Les métadonnées sont généralement classées en trois catégories : métiers, techniques et opérationnelles.

Les métadonnées métier se concentrent principalement sur le contenu et l'état des données et comprennent également des détails relatifs à la gouvernance des données. Ces métadonnées comprennent les noms et les définitions non techniques des concepts, des domaines, des entités et des attributs; les types de données d'attribut et les autres propriétés d'attribut; les descriptions de plage; les calculs ; les algorithmes et les règles métier; les valeurs de domaine valides et leurs définitions. Voici quelques exemples de métadonnées métier :

- Modèles de données, définitions et descriptions des jeux de données, des tables et des colonnes;
- Règles métier, règles de qualité des données et règles de transformation, calculs et dérivations;
- Provenance des données et traçabilité des données;
- Normes et contraintes relatives aux données;
- Niveau de sécurité et de confidentialité des données;
- Problèmes connus avec les données;
- Notes sur l'utilisation des données.

Les métadonnées techniques fournissent des informations sur les détails techniques des données, les systèmes qui les stockent et les processus qui les déplacent au sein et entre les systèmes. Voici quelques exemples de métadonnées techniques :

- Noms et propriétés des tables et des colonnes de la base de données physique;
- Droits d'accès aux données, groupes, rôles;
- Règles de création, remplacement, mise à jour et suppression des données[54];
- Détails des tâches ETC;
- Documentation sur la traçabilité des données, y compris les informations sur l'impact des changements en amont et en aval; et
- Calendrier des tâches du cycle de mise à jour du contenu et dépendances.

---

[54] NDT Ce que l'on appelle *CRUD* en anglais pour *Create, Read, Update and Delete.*

Les métadonnées opérationnelles décrivent les détails du traitement et de l'accès aux données. Par exemple :

- Journaux d'exécution des tâches pour les programmes par lots;
- Résultats des audits, bilans, mesures de contrôle et journaux d'erreurs;
- Utilisation habituelle des rapports et des requêtes, fréquence et temps d'exécution;
- Plan et exécution des correctifs et de la maintenance des versions, niveau actuel des correctifs;
- Sauvegarde, conservation, date de création, dispositions de reprise après sinistre.

Ces catégories aident les gens à comprendre l'éventail des informations qui relèvent des métadonnées, ainsi que les fonctions qui produisent des métadonnées. Toutefois, les catégories peuvent également prêter à confusion. Les gens peuvent se demander à quelle catégorie appartient un ensemble de métadonnées ou qui est censé les utiliser. Il est préférable de considérer ces catégories par rapport à l'origine des métadonnées plutôt que par rapport à leur utilisation. En ce qui concerne l'utilisation, les distinctions entre les types de métadonnées ne sont pas strictes. Le personnel technique et opérationnel utilise des métadonnées métier et vice versa.

LES MÉTADONNÉES SONT DES DONNÉES

Si les métadonnées peuvent être comprises à travers leurs utilisations et leurs catégories, il est important de se rappeler que les métadonnées sont des données. Comme les autres données, elles ont un cycle de vie (voir la figure 26). Nous devons les gérer en fonction de leur cycle de vie.

Une organisation doit planifier les métadonnées dont elle a besoin, concevoir des processus permettant de créer et de maintenir des métadonnées de haute qualité, et les enrichir au fur et à mesure qu'elle apprend de ses données.

PLANIFIER: Établir les exigences pour les métadonnées

CONCEVOIR et METTRE EN PLACE: Identifier les opportunités pour gérer les métadonnées à même les activités régulières de gestion des données

CRÉER / OBTENIR: S'assurer que les métadonnées sont capturées et sont conformes au niveau de qualité attendu

STOCKER / MAINTENIR: S'assurer que les métadonnées sont à jour et conformes aux exigences

AMÉLIORER: Améliorer les métadonnées à partir des nouvelles connaissances. Identifier de nouvelles exigences

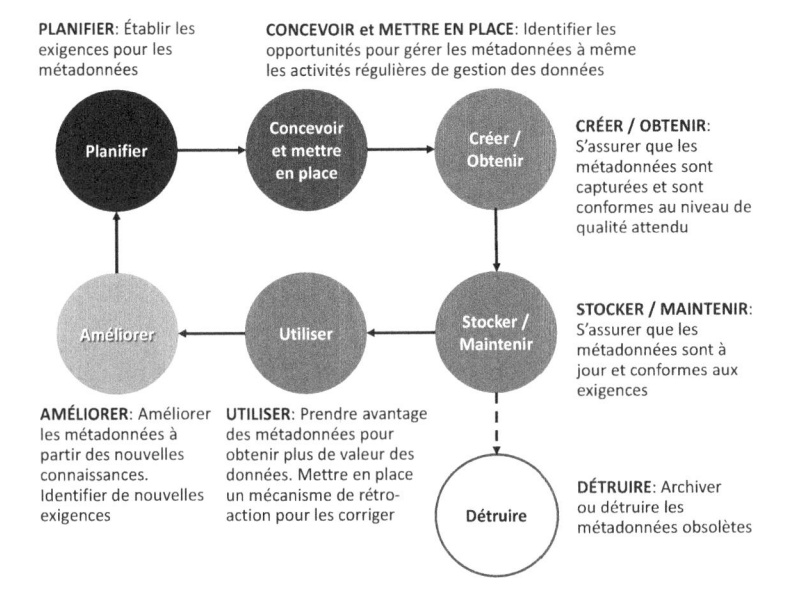

UTILISER: Prendre avantage des métadonnées pour obtenir plus de valeur des données. Mettre en place un mécanisme de rétro-action pour les corriger

DÉTRUIRE: Archiver ou détruire les métadonnées obsolètes

Figure 26: Le cycle de vie des métadonnées (adaptée de DMBOK2, p. 29)

MÉTADONNÉES ET LA GESTION DES DONNÉES

Les métadonnées sont essentielles à la gestion des données ainsi qu'à leur utilisation. Toutes les grandes organisations produisent et utilisent un grand nombre de données. Au sein d'une organisation, différents individus auront différents niveaux de connaissance des données, mais aucun individu ne saura tout sur les données. Ces informations doivent être documentées, sinon l'organisation risque de perdre des connaissances précieuses sur elle-même. Les métadonnées constituent le principal moyen de capturer et de gérer les connaissances de l'organisation sur les données.

Mais la gestion des métadonnées n'est pas seulement un défi de gestion des connaissances, c'est aussi une nécessité de gestion des risques. Les métadonnées sont nécessaires pour garantir qu'une organisation puisse identifier les données privées ou sensibles et qu'elle puisse gérer le cycle de vie des données dans son propre intérêt et afin de répondre aux exigences de conformité et de minimiser l'exposition aux risques.

Sans métadonnées fiables, une organisation ne sait pas quelles sont les données dont elle dispose, ce qu'elles représentent, d'où elles proviennent, comment elles circulent dans les systèmes, qui y a accès, ni ce qui caractérise la qualité des données. Sans métadonnées, une organisation ne peut pas gérer ses données comme un actif. En effet, sans métadonnées, une organisation peut ne pas être en mesure de gérer ses données du tout.

MÉTADONNÉES DANS L'INTEROPÉRABILITÉ

Avec l'évolution de la technologie, la vitesse à laquelle les données sont générées a augmenté elle aussi. Les métadonnées techniques sont désormais indispensables à la diffusion et à l'intégration des données. La norme ISO/IEC 11179 sur le registre des métadonnées a pour but de faciliter l'échange de données à partir de métadonnées dans un environnement hétérogène, sur la base de définitions exactes des données. Les métadonnées présentes dans le format XML et d'autres formats permettent d'utiliser les données. D'autres types de balisage des métadonnées permettent d'échanger des données tout en conservant les significations de propriété, les exigences de sécurité, etc.

STRATÉGIE CONCERNANT LES MÉTADONNÉES

Comme indiqué, les types d'informations pouvant être utilisés comme métadonnées sont très variés. Les métadonnées sont produites à divers endroits dans l'entreprise. Le défi consiste à rassembler ces métadonnées afin que les personnes et les processus puissent les utiliser.

La stratégie concernant les métadonnées décrit comment une organisation entend gérer ses métadonnées et comment elle évoluera ses pratiques de l'état actuel vers l'état futur. Une stratégie en matière de métadonnées doit fournir un cadre aux équipes de développement pour améliorer la gestion des métadonnées. L'élaboration des exigences en matière de métadonnées permettra de clarifier les motivations de la stratégie et d'identifier les obstacles potentiels à sa mise en œuvre.

La stratégie établit la cible de la définition du contenu et de l'architecture des métadonnées de l'entreprise et les phases de mise en œuvre nécessaires pour atteindre les objectifs stratégiques. Ces étapes comprennent :

- **Lancer la planification de la stratégie :** L'objectif de la planification est de permettre à l'équipe chargée de cette stratégie de définir ses objectifs à court et à long terme. La planification comprend la rédaction d'une charte, de la portée et des objectifs alignés sur la gouvernance globale et l'établissement d'un plan de communication pour soutenir la démarche. Les principales parties prenantes doivent être impliquées dans la planification.

- **Mener des entretiens avec les principales parties prenantes :** Les entretiens avec les parties prenantes métier et techniques fournissent une base de connaissances pour la stratégie en matière de métadonnées.

- **Évaluer les sources de métadonnées et l'architecture d'information existantes :** L'évaluation détermine le niveau de difficulté à résoudre les problèmes liés aux métadonnées et aux systèmes identifiés lors des entretiens et de l'examen de la documentation. Au cours de cette étape, il faut mener des entretiens détaillés avec le personnel informatique clé et examiner la documentation relative aux architectures de systèmes, aux modèles de données, etc.

- **Développer l'architecture cible des métadonnées :** Affinez et confirmez la vision future, et développez l'architecture cible à long terme pour l'environnement de gestion des métadonnées. Cette phase doit tenir compte des composantes stratégiques, telles que la structure de l'organisation, l'alignement sur la gouvernance et la gestion des données, l'architecture de gestion des métadonnées, l'architecture de diffusion des métadonnées, l'architecture technique et l'architecture de sécurité.

- **Élaborer un plan de mise en œuvre par étapes :** Valider, intégrer et hiérarchiser les résultats des entretiens et des analyses de données. Documenter la stratégie concernant les métadonnées et définir une approche de mise en œuvre progressive pour passer de l'environnement actuel à l'environnement futur de la gestion des métadonnées.

La stratégie évoluera au fil du temps, à mesure que les exigences en matière de métadonnées, l'architecture et le cycle de vie des métadonnées seront mieux compris.

EXIGENCES DES MÉTADONNÉES

Les exigences en matière de métadonnées commencent par le contenu : quelles métadonnées sont nécessaires et à quel niveau. Par exemple, les noms physiques et logiques doivent être capturés pour les colonnes et les tables. Le contenu des métadonnées est très varié et les exigences proviennent à la fois des consommateurs de données métiers et techniques.

Il existe également de nombreuses exigences axées sur la fonctionnalité associées à une solution complète de métadonnées :

- Fréquence de mise à jour des attributs et des ensembles de métadonnées ;

- La synchronisation des mises à jour par rapport aux changements de source ;

- La nécessité de conserver des versions historiques des métadonnées ;

- Qui peut accéder aux métadonnées ;

- Comment les utilisateurs y accèdent (fonctionnalité spécifique de l'interface utilisateur pour l'accès);
- Comment les métadonnées seront-elles modélisées pour le stockage;
- Le degré et les règles d'intégration des métadonnées provenant de différentes sources;
- Processus et règles de mise à jour des métadonnées (journalisation et approbation);
- Rôles et responsabilités pour la gestion des métadonnées;
- Exigences en matière de qualité des métadonnées;
- La sécurité des métadonnées - certaines métadonnées ne peuvent pas être exposées car elles révéleraient l'existence de données hautement protégées).

ARCHITECTURE DES MÉTADONNÉES

Comme d'autres types de données, les métadonnées ont un cycle de vie. S'il existe différentes façons de concevoir une solution de métadonnées, toutes les solutions de gestion des métadonnées comprennent des couches architecturales qui correspondent à des stades du cycle de vie des métadonnées.

- Création et approvisionnement des métadonnées;
- Stockage des métadonnées dans un ou plusieurs référentiels;
- Intégration des métadonnées;
- Diffusion des métadonnées;
- Accès et utilisation des métadonnées;
- Contrôle et gestion des métadonnées.

Un système de gestion des métadonnées doit être capable de rassembler des métadonnées provenant de nombreuses sources différentes. Ces systèmes diffèrent en fonction du degré d'intégration et du rôle de l'intégration dans la maintenance des métadonnées.

Un environnement de gestion des métadonnées doit isoler l'utilisateur des sources de métadonnées diverses et disparates. L'architecture doit fournir un point d'accès unique aux métadonnées requises. La conception de l'architecture dépend des exigences spécifiques de l'organisation. Trois approches architecturales de la création d'un référentiel commun de métadonnées sont similaires aux approches de la conception des entrepôts de données :

- **Centralisée :** Une architecture centralisée consiste en un seul dépôt de métadonnées qui contient des copies des métadonnées provenant des diverses sources. Les organisations disposant de ressources informatiques limitées, ou celles qui cherchent à automatiser autant que possible, peuvent choisir d'éviter cette option d'architecture. Les organisations qui recherchent un haut degré de cohérence au sein du référentiel commun de métadonnées peuvent bénéficier d'une architecture centralisée.

- **Distribuée :** Une architecture entièrement distribuée maintient un point d'accès unique. Le moteur de récupération des métadonnées répond aux demandes des utilisateurs en récupérant les données des systèmes sources en temps réel; il n'y a pas de référentiel permanent. Dans cette architecture, l'environnement de gestion des métadonnées maintient les catalogues des systèmes sources et les informations de consultation nécessaires pour traiter efficacement les requêtes et les recherches des utilisateurs. Un courtier de demandes d'objets communs ou un logiciel médiateur[55] similaire accède à ces systèmes sources.

- **Hybride :** Une architecture hybride combine les caractéristiques des architectures centralisées et distribuées. Les métadonnées sont toujours transférées directement des systèmes sources vers un référentiel centralisé. Cependant, la conception de ce référentiel ne prend en compte que les métadonnées ajoutées par l'utilisateur, les éléments

---

[55] NDT *Middleware* en anglais

normalisés critiques et les ajouts provenant de sources manuelles.

Mettez en œuvre un environnement de gestion des métadonnées de manière progressive afin de minimiser les risques et de faciliter l'acceptation. Le contenu du référentiel doit être de conception générique. Il ne doit pas simplement refléter la conception des bases de données du système source. Les experts des domaines de l'entreprise doivent contribuer à la création d'un modèle de métadonnées complet. La planification doit tenir compte de l'intégration des métadonnées afin que les consommateurs de données puissent avoir une visibilité sur les différentes sources. La possibilité de le faire sera l'une des capacités les plus précieuses du référentiel. Il doit contenir les versions actuelles, planifiées et historiques des métadonnées. Souvent, la première mise en œuvre est un projet pilote destiné à vérifier les concepts et à apprendre à gérer l'environnement des métadonnées.

QUALITÉ DES MÉTADONNÉES

Lors de la gestion de la qualité des métadonnées, il est important de reconnaître que de nombreuses métadonnées proviennent de processus existants. Par exemple, le processus de modélisation des données produit des définitions de tables et de colonnes et d'autres métadonnées essentielles à la création de modèles de données. Pour obtenir des métadonnées de haute qualité, il faut considérer les métadonnées comme un produit de ces processus, plutôt que comme un sous-produit de ceux-ci.

Encore une fois, les métadonnées suivent le cycle de vie des données (voir la figure 26). Des métadonnées fiables commencent par un plan et prennent de la valeur au fur et à mesure qu'elles sont utilisées, maintenues et enrichies. Les sources de métadonnées, telles que le modèle de données, la documentation sur le mappage source-cible, les journaux ETC, etc. doivent être traitées comme des sources de *données*. Elles doivent mettre en place des processus et des contrôles pour garantir qu'elles produisent des données fiables et utilisables.

Tous les processus, systèmes et données ont besoin d'un certain niveau de méta-information, c'est-à-dire d'une description de leurs composants et de leur fonctionnement. Il est préférable de planifier la création ou la collecte de ces informations. En outre, au fur et à mesure que le processus, le système ou les données sont utilisés, ces méta-informations se développent et changent. Elles doivent être maintenues et enrichies. L'utilisation de métadonnées entraîne souvent la reconnaissance de besoins en métadonnées supplémentaires. Par exemple, les représentants commerciaux qui utilisent des données sur les clients provenant de deux systèmes différents peuvent avoir besoin de savoir d'où proviennent ces données afin de mieux comprendre leurs clients.

Plusieurs principes généraux de gestion des métadonnées décrivent les moyens de gérer les métadonnées dans un souci de qualité :

- **La redevabilité :** Reconnaître que les métadonnées sont souvent produites par le biais de processus existants (modélisation des données, développement d'applications, définition des processus d'entreprise) et tenir les propriétaires de processus responsables de la qualité des métadonnées (tant dans leur création initiale que dans leur maintenance).

- **Normes :** Définir, appliquer et vérifier les normes relatives aux métadonnées afin de simplifier l'intégration et de permettre l'utilisation.

- **Amélioration :** Créer un mécanisme de rétroaction afin que les consommateurs puissent informer l'équipe de gestion des métadonnées des erreurs ou informations obsolètes.

Comme d'autres données, les métadonnées peuvent être profilées et leur qualité inspectée. Leur maintenance doit être programmée ou réalisée comme une partie vérifiable du travail de projet.

GOUVERNANCE DES MÉTADONNÉES

Passer d'un environnement de métadonnées non géré à un environnement géré demande du travail et de la discipline. Ce n'est pas facile à faire, même si la plupart des gens reconnaissent la valeur de métadonnées fiables. L'état de préparation de l'organisation est une préoccupation majeure, tout comme les méthodes de gouvernance et de contrôle. Une approche globale des métadonnées exige que le personnel opérationnel et technologique soit en mesure de collaborer étroitement et de manière interfonctionnelle.

La gestion des métadonnées n'est pas prioritaire dans de nombreuses organisations. La gestion des métadonnées essentielles nécessite une coordination et un engagement au sein de l'organisation. Du point de vue de la gestion des données, les métadonnées métier essentielles comprennent les définitions, les modèles et l'architecture des données. Les métadonnées techniques essentielles comprennent les descriptions techniques des fichiers et des ensembles de données, les noms des tâches, les calendriers de traitement, etc.

Les organisations doivent déterminer leurs exigences spécifiques pour la gestion du cycle de vie des métadonnées critiques et établir des processus de gouvernance pour répondre à ces exigences. Il est recommandé d'attribuer des rôles et des responsabilités formels à des ressources dédiées, en particulier dans les domaines importants ou critiques pour l'entreprise. La gouvernance des métadonnées nécessite des métadonnées et des contrôles, afin que l'équipe chargée de gérer les métadonnées puisse tester les principes sur les métadonnées qu'elle crée et utilise.

CE QU'IL FAUT RETENIR

- La gestion des métadonnées est à la base de la gestion des données. Vous ne pouvez pas gérer des données sans métadonnées.

- Les métadonnées ne sont pas une fin en soi. C'est un moyen par lequel une organisation capture des connaissances explicites sur ses données afin de minimiser les risques et de créer de la valeur.

- La plupart des entreprises ne gèrent pas bien leurs métadonnées et en paient le prix en coûts cachés ; elles augmentent le coût à long terme de la gestion des données en créant des remaniements inutiles (et avec eux, le risque d'incohérence) à chaque nouveau projet, ainsi que les coûts opérationnels liés à la recherche des données.

- Les métadonnées sont des données. Elles ont un cycle de vie et doivent être gérées en fonction de celui-ci. Différents types de métadonnées auront des exigences différentes en matière de cycle de vie.

- À mesure que le volume et la vitesse des données augmentent, les avantages de disposer de métadonnées fiables augmentent également.

CHAPITRE 11

Gestion de la qualité des données

Une gestion efficace des données implique un ensemble de processus interdépendants qui permettent à une organisation d'utiliser ses données pour atteindre des objectifs stratégiques. La gestion des données comprend la capacité de concevoir des données pour des applications, de les stocker et d'y accéder en toute sécurité, de les partager de manière appropriée et d'en tirer des enseignements pour atteindre des objectifs stratégiques et opérationnels. Les organisations qui essaient de dégager de la valeur de leurs données doivent savoir qu'elles sont fiables et dignes de confiance. En d'autres termes, qu'elles sont de haute qualité. Mais de nombreux facteurs peuvent nuire à la qualité des données :

- Manque de compréhension des effets de la mauvaise qualité des données sur le succès de l'organisation;
- Planification mauvaise ou insuffisante;
- Conception isolée des processus et des systèmes (silos);
- Processus de développement technique incohérents;
- Documentation et métadonnées incomplètes;
- Absence de normes et de gouvernance.

De nombreuses organisations ne parviennent tout simplement pas à définir ce qui fait que les données sont adaptées à l'objectif visé et ne s'engagent donc pas à assurer la qualité des données.

Toutes les disciplines de gestion des données contribuent à la qualité des données, et des données de haute qualité qui soutiennent l'organisation devraient être l'objectif de toutes les disciplines de gestion des données. Puisque des décisions ou des actions non informées de la part de quiconque interagit avec les données peuvent entraîner des données de mauvaise qualité, la production de données de haute qualité nécessite un engagement et une coordination interfonctionnels. Les organisations et les équipes doivent en être conscientes et viser des données de haute qualité en exécutant les processus et les projets de manière à prendre en compte les risques liés à des conditions inattendues ou inacceptables dans les données.

Parce qu'aucune organisation ne dispose de processus métiers parfaits, de processus techniques parfaits ou de pratiques de gestion des données parfaites, toutes les organisations rencontrent des problèmes liés à la qualité de leurs données. Ces problèmes peuvent être très coûteux. Les organisations qui gèrent formellement la qualité des données ont moins de problèmes que celles qui laissent la qualité des données au hasard.

La qualité des données devient une nécessité pour les entreprises. La capacité de démontrer que les données sont de haute qualité, tout comme la capacité de démontrer que les données ont été correctement protégées, est exigée par certaines réglementations. Les partenaires commerciaux et les clients s'attendent à ce que les données soient fiables. Une organisation qui peut montrer qu'elle gère bien ses données acquiert un avantage concurrentiel.

Ce chapitre définit les concepts clés liés à la qualité des données et aborde la gestion de la qualité des données en relation avec la gestion globale des données.

QUALITÉ DES DONNÉES

L'expression *qualité des données* est utilisé pour désigner à la fois les caractéristiques associées aux données de haute qualité et les processus utilisés pour mesurer ou améliorer la qualité des données. Cette double utilisation peut être source de confusion. Il est donc utile d'examiner les deux significations, en commençant par les données de haute qualité. Plus loin dans ce chapitre, nous examinerons la définition de la gestion de la qualité des données.

Les données sont de haute qualité dans la mesure où elles répondent aux attentes et aux besoins des consommateurs de données. En d'autres termes, si les données sont adaptées aux objectifs des utilisateurs. Elles sont de faible qualité si elles ne sont pas adaptées à ces objectifs. La qualité des données dépend donc du contexte et des besoins des consommateurs de données.

L'un des défis de la gestion de la qualité des données est que les attentes liées à cette qualité ne sont pas toujours connues. Les utilisateurs peuvent ne pas les formuler. Souvent, les personnes qui gèrent les données ne posent même pas de questions sur ces exigences. Mais pour que les données soient fiables et dignes de confiance, les professionnels de la gestion des données doivent mieux comprendre les exigences de qualité de leurs utilisateurs et savoir comment les mesurer et les satisfaire. La conversation sur les attentes doit être permanente, car les exigences changent au fil du temps, à mesure que les besoins de l'entreprise et les forces extérieures évoluent.

DIMENSIONS DANS LA QUALITÉ DES DONNÉES

Une dimension de qualité des données est une caractéristique mesurable des données. Le terme dimension est utilisé pour faire le lien avec les dimensions dans la mesure des objets physiques (par exemple, longueur, largeur et hauteur). Les dimensions de qualité des données fournissent un vocabulaire pour définir les exigences de qualité des données. À partir de là, elles peuvent être utilisées pour définir les résultats de l'évaluation initiale de la qualité des données ainsi que la mesure en continu. Afin de mesurer la qualité des données, une organisation doit établir les caractéristiques qui sont non seulement importantes pour les processus métiers (qui méritent d'être mesurées) mais aussi mesurables et exploitables.

Les dimensions fournissent une base pour des règles mesurables, qui doivent elles-mêmes être directement liées aux risques dans les processus critiques. Par exemple :

- **Un risque :** Si les données du champ courriel du client sont incomplètes, nous ne serons pas en mesure d'envoyer des informations sur les produits à nos clients par courrier électronique et nous perdrons des ventes potentielles.

- **Un moyen d'atténuer le risque :** Nous mesurerons le pourcentage de clients pour lesquels nous disposons d'adresses de courriel utilisables, et nous améliorerons nos processus jusqu'à ce que nous ayons une adresse de courriel utilisable pour au moins 98 % de nos clients.

De nombreux spécialistes ont écrit sur les dimensions de la qualité des données.[56] Bien qu'il n'existe pas un ensemble unique et accepté de dimensions de qualité des données, tous les ensembles contiennent des idées communes. Les dimensions comprennent certaines caractéristiques qui peuvent être mesurées objectivement (exhaustivité, validité, conformité du format) et d'autres qui dépendent fortement du contexte ou d'une interprétation subjective (convivialité, fiabilité, réputation). Quels que soient les noms utilisés, les dimensions visent à déterminer si les données sont suffisantes (exhaustivité), si elles sont correctes (exactitude, validité), si elles sont cohérentes (cohérence, intégrité, unicité), si elles sont à jour (actualité), accessibles, utilisables et sécurisées.

En 2013, DAMA Royaume-Uni a produit un livre blanc proposant six dimensions fondamentales de la qualité des données. Leur ensemble comprenait :

---

[56] Voir Strong and Wang (1996), Redman (1996, 2001), English (1999, 2008), Loshin (2001), Olson (2003), McGilvray (2008), et Sebastian-Coleman (2013) pour plus d'exemples de dimensions de qualité des données. Voir Myers (2013) pour une comparaison de ces dimensions.

- **Exhaustivité :** La proportion de données stockées par rapport au potentiel de 100%.

- **Unicité :** Aucune instance d'entité (chose) ne sera enregistrée plus d'une fois en fonction de la façon dont cette entité est identifiée.

- **Actualité :** La mesure dans laquelle les données représentent la réalité au moment voulu.

- **Validité :** Les données sont valides si elles sont conformes à la syntaxe (format, type, plage) de leur définition.

- **Exactitude :** La mesure dans laquelle les données décrivent correctement l'objet ou l'événement du « monde réel » qu'elles décrivent.

- **Cohérence :** L'absence de différence, lors de la comparaison de deux ou plusieurs représentations d'une entité par rapport à sa définition.

Ce livre blanc décrit également d'autres caractéristiques qui ont un impact sur la qualité.

- **Convivialité :** Les données sont-elles compréhensibles, pertinentes, accessibles, maintenables et au bon niveau de précision ?

- **Questions d'opportunité (au-delà de leur actualité) :** Les données sont-elles stables tout en répondant aux demandes de changement légitimes ?

- **Flexibilité :** Les données sont-elles comparables et compatibles avec d'autres données ? Disposent-elles de groupements et de classifications utiles ? Peuvent-elles être réutilisées ? Sont-elles faciles à manipuler ?

- **Confiance :** La gouvernance des données, leur protection et leur sécurité sont-elles en place ? Quelle est la réputation des données, et est-elle vérifiée ou vérifiable ?

- **Valeur :** Les données ont-elles un bon rapport coût/bénéfice? Sont-elles utilisées de manière optimale? Mettent-elles en danger la sécurité ou la vie privée des personnes ou les responsabilités légales de l'entreprise? Soutiennent-elles ou contredisent-elles l'image ou le message de l'entreprise?

Toute organisation qui souhaite améliorer la qualité de ses données devrait adopter ou développer un ensemble de dimensions permettant de mesurer la qualité. Parvenir à un consensus sur les dimensions de la qualité peut fournir un point de départ pour un vocabulaire commun autour de la qualité.

GESTION DE LA QUALITÉ DES DONNÉES

Comme indiqué précédemment, le terme *qualité des données* est parfois utilisé pour désigner les processus utilisés pour mesurer ou améliorer la qualité des données. Ces processus constituent la *gestion de la qualité des données*. Bien que toutes les fonctions de gestion des données puissent avoir un impact sur la qualité des données, la gestion formelle de la qualité des données vise à aider l'organisation :

- **Définir** des données de haute qualité, par le biais de normes, de règles et d'exigences de qualité des données;

- **Évaluer** les données par rapport à ces normes et communiquer les résultats aux parties prenantes;

- **Contrôler et rendre compte** de la qualité des données dans les applications et les dépôts de données;

- **Identifier** les problèmes et promouvoir les possibilités d'amélioration.

La gestion formelle de la qualité des données est similaire à la gestion continue de la qualité pour d'autres produits. Elle comprend la gestion des données tout au long de leur cycle de vie en établissant des normes, en intégrant la qualité dans les processus qui créent, transforment et stockent les données, et en mesurant la qualité des données par rapport aux normes. La gestion des données à ce niveau nécessite généralement une équipe de qualité des données. Celle-ci est chargée d'impliquer les professionnels de la gestion des données, tant opérationnels que techniques, et de diriger les travaux en appliquant des techniques de gestion de la qualité aux données afin de s'assurer qu'elles sont adaptées à la consommation à des fins diverses.

L'équipe sera probablement impliquée dans une série de projets grâce auxquels elle pourra établir des processus et des meilleures pratiques tout en s'attaquant aux problèmes de données hautement prioritaires. Comme la gestion de la qualité des données implique la gestion du cycle de vie des données, un programme de qualité des données aura également des responsabilités opérationnelles liées à l'utilisation des données. Par exemple, rendre compte des niveaux de qualité des données, et s'engager dans l'analyse, la quantification et la priorité des problèmes de données.

L'équipe est également chargée de travailler avec ceux qui ont besoin de données pour faire leur travail afin de s'assurer qu'elles répondent à leurs besoins, et de travailler avec ceux qui créent, mettent à jour ou suppriment des données dans le cadre de leur travail afin de s'assurer qu'ils les manipulent correctement. La qualité des données dépend de tous ceux qui interagissent avec elles, et pas seulement des professionnels de la gestion des données.

Comme c'est le cas pour la gouvernance des données et pour la gestion des données dans son ensemble, la gestion de la qualité des données est un programme et non un projet. Elle comprendra à la fois des travaux de projet et de maintenance, ainsi qu'un engagement en matière de communication et de formation. Plus important encore, le succès à long terme d'un programme d'amélioration de la qualité des données dépend de la capacité d'une organisation à changer sa culture et à adopter un état d'esprit de qualité. Comme préciser dans *The Leader's Data Manifesto* : un changement fondamental et durable nécessite un leadership engagé et l'implication des personnes à tous les niveaux de l'organisation. Les personnes qui utilisent des données dans le cadre de leur travail – ce qui, dans la plupart des organisations, représente un pourcentage très élevé d'employés – doivent être les moteurs du changement. Et l'un des changements les plus importants sur lequel ils doivent se concentrer est la manière dont leurs organisations gèrent et améliorent la qualité de leurs données.[57]

Les principes de gestion des données de DAMA affirment que la gestion des données est la gestion de leur cycle de vie et que gérer les données signifie gérer la qualité des données. Tout au long du cycle de vie des données, les activités de gestion de la qualité des données aident une organisation à définir et à mesurer les attentes liées à ses données. Ces attentes peuvent changer au fil du temps, à mesure que les utilisations organisationnelles des données évoluent (voir la figure 27).

PLANIFIER: Établir les caractéristiques de bonne qualité des données

CONCEVOIR et METTRE EN PLACE: Définir les contrôles dans les systèmes et les processus pour prévenir les erreurs dans les données

CRÉER / OBTENIR: Mesurer et inspecter la conformité des données aux exigences de qualité

STOCKER / MAINTENIR: Surveiller le qualité des données dans les systèmes et les processus pour maintenir le niveau de qualité

DÉTRUIRE: S'assurer de bien choisir les données qui doivent être détruites

UTILISER: Mettre en place un mécanisme de rétroaction pour corriger les données en erreur

AMÉLIORER: Prendre avantage des opportunités d'amélioration de la qualité des données

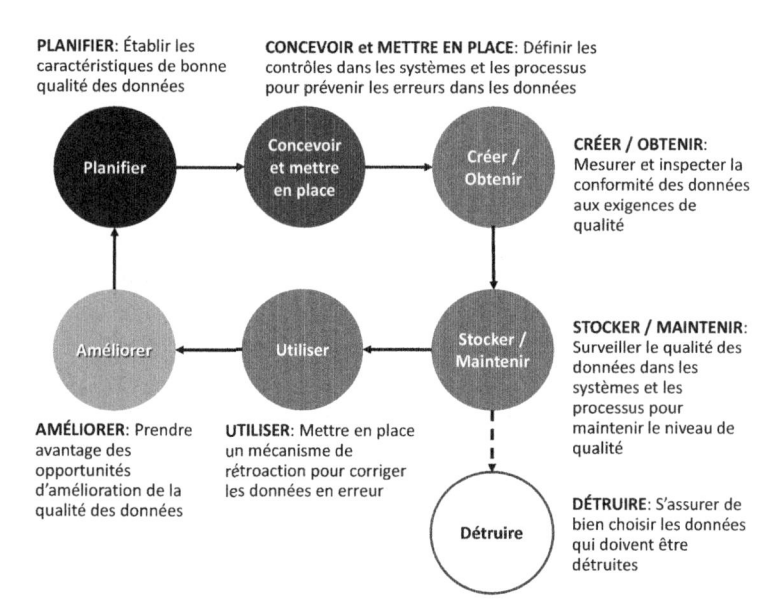

Figure 27: **La gestion de la qualité des données dans leur cycle de vie (adaptée de DMBOK2, p. 29)**

---

[57] Le texte complet du *The Leader's Data Manifesto* : https://bit.ly/2sQhcy7.

QUALITÉ DES DONNÉES DANS LES AUTRES FONCTIONS DE LA GESTION DES DONNÉES

Comme indiqué précédemment, tous les domaines de la gestion des données ont le potentiel d'affecter la qualité des données. La gouvernance et l'intendance des données, la modélisation des données et la gestion des métadonnées ont des effets directs sur la définition de ce que sont des données de haute qualité. S'ils ne sont pas bien exécutés, il est très difficile d'avoir des données fiables. Ces trois éléments sont liés dans la mesure où ils établissent des normes, des définitions et des règles relatives aux données. La qualité des données consiste à répondre aux attentes. Collectivement, elles décrivent un ensemble d'attentes communes en matière de qualité.

La qualité des données est déterminée par la mesure dans laquelle elles répondent aux exigences de leurs utilisateurs. L'existence d'un processus solide de définition des données soutient la capacité d'une organisation à formaliser et à documenter les normes et les exigences permettant de mesurer la qualité des données.

Les métadonnées définissent ce que les données représentent. L'intendance des données et les processus de modélisation des données sont des sources de métadonnées essentielles. Des métadonnées bien gérées peuvent également soutenir l'effort d'amélioration de la qualité des données. Un référentiel de métadonnées peut contenir les résultats des mesures de la qualité des données afin que ceux-ci soient partagés au sein de l'organisation et que l'équipe chargée de la qualité des données puisse travailler à un consensus sur les priorités d'amélioration.

Un programme de qualité des données est plus efficace lorsqu'il fait partie d'un programme de gouvernance des données, non seulement parce que la gestion des données est souvent alignée sur la gouvernance des données, mais aussi parce que les problèmes de qualité des données sont l'une des principales raisons de mettre en place une gouvernance des données à l'échelle de l'entreprise. L'intégration des efforts de qualité des données dans l'effort global de gouvernance permet à l'équipe du programme de qualité des données de travailler avec une diversité de parties prenantes et de facilitateurs :

- Le personnel chargé des risques et de la sécurité, qui peut aider à identifier les vulnérabilités organisationnelles liées aux données.

- Le personnel chargé de l'ingénierie des processus opérationnels et de la formation, qui peut aider les équipes à mettre en œuvre des améliorations de processus permettant d'accroître l'efficacité et de produire des données mieux adaptées aux utilisations en aval.

- Les intendants des données opérationnelles et les propriétaires des données qui peuvent identifier les données critiques, définir les normes et les attentes en matière de qualité et donner la priorité à la résolution des problèmes liés aux données.

Une organisation de gouvernance peut accélérer le travail d'un programme de qualité des données en :

- Définissant les priorités;

- Développant et maintenant des normes et des politiques pour la qualité des données;

- Établissant des mécanismes de communication et de partage des connaissances;

- Contrôlant et rendant compte des performances et des mesures de la qualité des données;

- Partageant les résultats des inspections de la qualité des données afin de sensibiliser et d'identifier les possibilités d'amélioration.

Les programmes de gouvernance sont également souvent responsables de la gestion des données maîtres et de référence. Il convient de noter que la gestion des données maîtres et de référence sont des exemples de processus axés sur la conservation de types particuliers de données dans le but d'en assurer la qualité. Le simple fait d'étiqueter un ensemble de données « données maîtres » implique certaines attentes quant à son contenu et sa fiabilité.

QUALITÉ DES DONNÉES ET RÉGLEMENTATION

Comme indiqué dans l'introduction du chapitre, une qualité des données démontrable, tout comme une sécurité des données démontrable, constitue un avantage concurrentiel. Les clients et les partenaires commerciaux attendent et commencent à exiger des données complètes et précises. Dans certains cas, la qualité des données est également une exigence réglementaire. Les pratiques de gestion des données peuvent être auditées. Les réglementations qui sont directement liées aux pratiques de qualité des données comprennent les exemples mentionnés précédemment :

- Sarbanes-Oxley (États-Unis), qui porte sur l'exactitude et la validité des transactions financières.

- Solvabilité II (UE), qui met l'accent sur la traçabilité des données et la qualité des données sur lesquelles reposent les modèles de risque.

- Le règlement général sur la protection des données (RGPD, UE) stipule que les données personnelles doivent être exactes et, si nécessaire, mises à jour. Des mesures raisonnables doivent être prises pour effacer ou rectifier les données personnelles inexactes.

- La loi sur la protection des renseignements personnels et les documents électroniques (LPRPDE, Canada) stipule que les renseignements personnels doivent être aussi exacts, complets et à jour que l'exige leurs finalités.

Il convient de noter que, même lorsque les exigences en matière de qualité des données ne sont pas spécifiquement mentionnées, la capacité à protéger les données personnelles dépend en partie de la qualité de ces données.

CYCLE D'AMÉLIORATION DE LA QUALITÉ DES DONNÉES

La plupart des approches visant à améliorer la qualité des données sont basées sur les techniques d'amélioration de la qualité dans la fabrication de produits physiques.[58] Dans ce paradigme, les données sont comprises comme le produit d'un ensemble de processus. Dans sa forme la plus simple, un processus est défini comme une série d'étapes qui transforme des entrées (intrants) en sorties (extrants). Un processus qui crée des données peut consister en une seule étape (la collecte de données) ou en plusieurs étapes : collecte de données, intégration dans un entrepôt de données, agrégation dans un magasin de données, etc. À chaque étape, les données peuvent être affectées négativement. Elles peuvent être collectées de manière incorrecte, abandonnées ou dupliquées entre les systèmes, associées ou agrégées incorrectement, etc.

Pour améliorer la qualité des données, il faut être capable d'évaluer la relation entre les intrants et les extrants afin de s'assurer que les intrants répondent aux exigences du processus et que les extrants sont conformes aux attentes. Étant donné que les extrants d'un processus deviennent des intrants pour d'autres processus, les exigences doivent être définies tout au long de la chaîne de traitement des données.

Une approche générale de l'amélioration de la qualité des données, illustrée à la figure 28, est une version du cycle Shewhart/Deming[59]. Fondé sur la méthode scientifique, le cycle Shewhart/Deming est un modèle de résolution de problèmes connu sous le nom de « planifier-développer-contrôler-ajuster ». L'amélioration passe par un ensemble défini d'étapes. L'état des données doit être mesuré par

---

[58] Voir Wang (1998), English (1999), Redman (2001), Loshin (2001), et McGilvray (2008). Voir Pierce (2004) pour un aperçu de la littérature relative au concept de données en tant que produit.

[59] Voir *American Society for Quality*: http://asq.org/learn-about-quality/project-planning-tools/overview/pdca-cycle.html. Le cycle « planifier-développer-contrôler-ajuster » (*Plan-Do-Check-Act* en anglais) revient à Walter Shewhart mais a été popularisé par W. Edwards Deming. L'approche de Six Sigma : *Measure, Analyze, Improve, Control (DMAIC)* est une variation de ce cycle.

rapport aux normes et, si elles ne sont pas conformes aux normes, la ou les causes profondes de l'écart par rapport aux normes doivent être identifiées et corrigées. Les causes profondes peuvent être trouvées dans n'importe quelle étape du processus, technique ou non technique. Une fois corrigées, la qualité des données doit être contrôlée pour s'assurer qu'elle continue à répondre aux exigences.

Planifier : Définir l'étendue, l'impact et la priorité des problèmes connus et identifier les alternatives pour les résoudre.

Développer : S'attaquer aux causes profondes des problèmes et prévoir un suivi continu des données.

Ajuster : Aborder et résoudre les problèmes émergents de qualité des données et poursuivre le cycle

Contrôler : vérifier activement la qualité des données par rapport aux exigences.

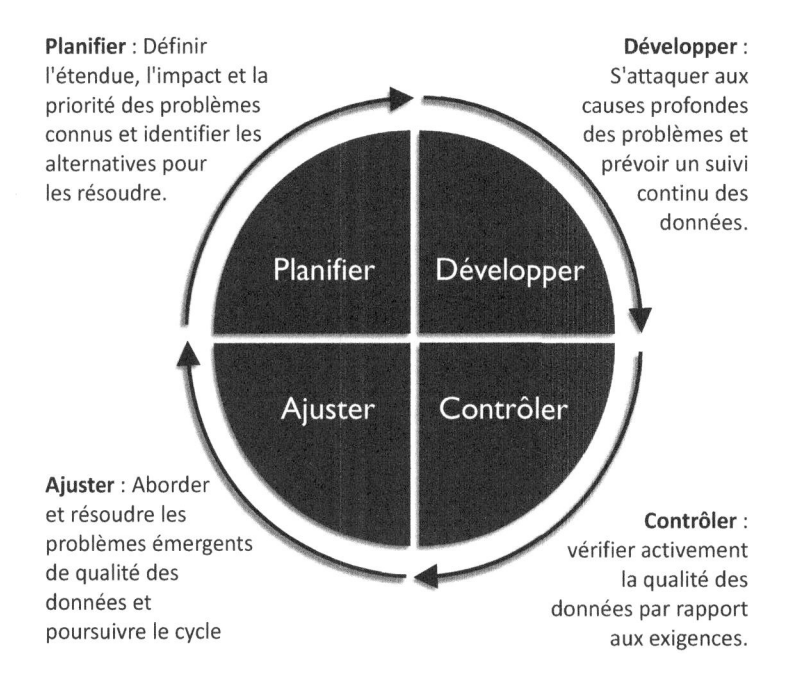

Figure 28: **Étapes de la gestion de la qualité des données inspirées du cycle de Shewhart (DMBOK2, p. 463)**

Pour un ensemble de données particulier, un cycle d'amélioration de la qualité des données commence par l'identification des données qui ne répondent pas aux exigences de leurs consommateurs et des problèmes de données qui constituent des obstacles à la réalisation des objectifs de l'entreprise. Les données doivent être évaluées par rapport aux dimensions clés de la qualité et aux exigences opérationnelles connues. Les causes profondes des problèmes devront être identifiées afin que les parties prenantes puissent comprendre les coûts de correction et les risques de ne pas corriger les problèmes. Ce travail est souvent effectué en collaboration avec les intendants des données et d'autres parties prenantes.

Au cours de la phase **Planifier**, l'équipe chargée de la qualité des données évalue la portée, l'impact et la priorité des problèmes connus, et évalue les solutions possibles pour les résoudre. Ce plan doit reposer sur une analyse solide des causes profondes des problèmes. La connaissance des causes et de l'impact des problèmes permet de comprendre les coûts et les avantages, de déterminer les priorités et de formuler un plan de base pour les résoudre.

Lors de la phase **Développer**, l'équipe chargée de la qualité des données dirige les efforts pour s'attaquer aux causes profondes des problèmes et planifie le suivi continu des données. Pour les causes qui reposent sur des processus non techniques, l'équipe peut travailler avec les propriétaires des processus pour mettre en œuvre des changements. Pour les causes qui nécessitent des changements techniques, l'équipe doit travailler avec les équipes techniques et s'assurer que les exigences sont correctement mises en œuvre et qu'aucune erreur involontaire n'est introduite par les corrections.

L'étape **Contrôler** consiste à vérifier activement la qualité des données par rapport aux exigences. Tant que les données respectent les seuils de qualité définis, aucune action supplémentaire n'est nécessaire. Les processus seront considérés comme étant sous contrôle et répondant aux exigences de l'entreprise. Toutefois, si la qualité des données est inférieure au seuil acceptable, des mesures supplémentaires doivent être prises pour les ramener à des niveaux acceptables.

Finalement, la phase **Ajuster** est destinée aux activités visant à aborder et à résoudre les problèmes émergents de qualité des données. Le cycle redémarre, les causes des problèmes étant évaluées et des solutions proposées. L'amélioration continue est obtenue en commençant un nouveau cycle. Les nouveaux cycles commencent lorsque :

- Les mesures existantes tombent en dessous des seuils;
- De nouveaux jeux de données sont étudiés;

- De nouvelles exigences en matière de qualité des données apparaissent pour les jeux de données existants;
- Les règles métier, les normes ou les exigences changent.

L'établissement de critères de qualité des données dès le début de la mise en place d'un processus ou d'un système est l'un des signes de la maturité d'une organisation de gestion des données. Pour ce faire, il faut de la gouvernance et de la discipline, ainsi qu'une collaboration interfonctionnelle.

Intégrer la qualité dans les processus de gestion des données dès le début coûte moins cher que de la rétablir. Maintenir des données de haute qualité tout au long du cycle de vie des données est moins risqué que d'essayer d'améliorer la qualité dans un processus existant. L'impact sur l'organisation est également bien moindre.

Il est préférable de faire les choses correctement dès la première fois, mais peu d'organisations ont le luxe de pouvoir le faire. Même si elles le font, la gestion de la qualité est un processus continu. L'évolution des demandes et la croissance organique au fil du temps peuvent causer des problèmes de qualité des données qui peuvent être coûteux s'ils ne sont pas contrôlés, mais qui peuvent être étouffés dans l'œuf si une organisation est attentive aux risques.

QUALITÉ DES DONNÉES ET L'ENGAGEMENT DES DIRIGEANTS

Les problèmes de qualité des données peuvent apparaître à tout moment du cycle de vie des données, de leur création à leur disposition. Lors de la recherche des causes profondes, les analystes doivent rechercher les causes potentielles, comme les problèmes de saisie et de traitement des données, la conception du système et l'intervention manuelle dans les processus automatisés. De nombreux problèmes auront de multiples causes et facteurs contributifs (surtout si les gens ont créé des moyens de les contourner). Ces causes de problèmes impliquent également que les problèmes de qualité des données peuvent être évités grâce à :

- Amélioration de la conception des interfaces;
- Test des règles de qualité des données lors des traitements;
- Insistance sur la qualité des données dans la conception des systèmes;
- Contrôles stricts des interventions manuelles dans les processus automatisés.

Il est évident que des tactiques préventives doivent être utilisées. Cependant, le bon sens dit et la recherche indique que de nombreux problèmes de qualité des données sont causés par un manque d'engagement organisationnel envers la qualité des données, qui découle lui-même d'un manque de leadership, sous forme de gouvernance et de gestion.

Chaque organisation possède des actifs informationnels et des données qui ont de la valeur pour ses opérations. En effet, les opérations dépendent de la capacité à partager l'information. Malgré cela, peu d'organisations gèrent ces actifs avec rigueur.

De nombreux programmes de gouvernance et d'actifs informationnels sont motivés uniquement par la conformité, plutôt que par la valeur potentielle des données en tant qu'actif. Un manque de reconnaissance de la part de la direction signifie un manque d'engagement au sein d'une organisation pour gérer les données comme un actif, y compris la gestion de leur qualité[60]. Les obstacles à une gestion efficace de la qualité des données (voir la figure 31) comprennent notamment :[61]

- Manque de sensibilisation de la part de la direction et du personnel;
- Manque de gouvernance d'entreprise;
- Manque de leadership et de gestion;
- Difficulté à justifier les améliorations;
- Outils de mesure de la valeur inappropriés ou inefficaces.

---

[60] Evans & Price, 2012.

[61] Adaptée de *The Leader's Data Manifesto*. https://dataleaders.org/.

Ces obstacles ont des effets négatifs sur l'expérience client, la productivité, le moral, l'efficacité organisationnelle, les revenus et l'avantage concurrentiel. Ils augmentent les coûts de fonctionnement de l'organisation et introduisent également des risques.

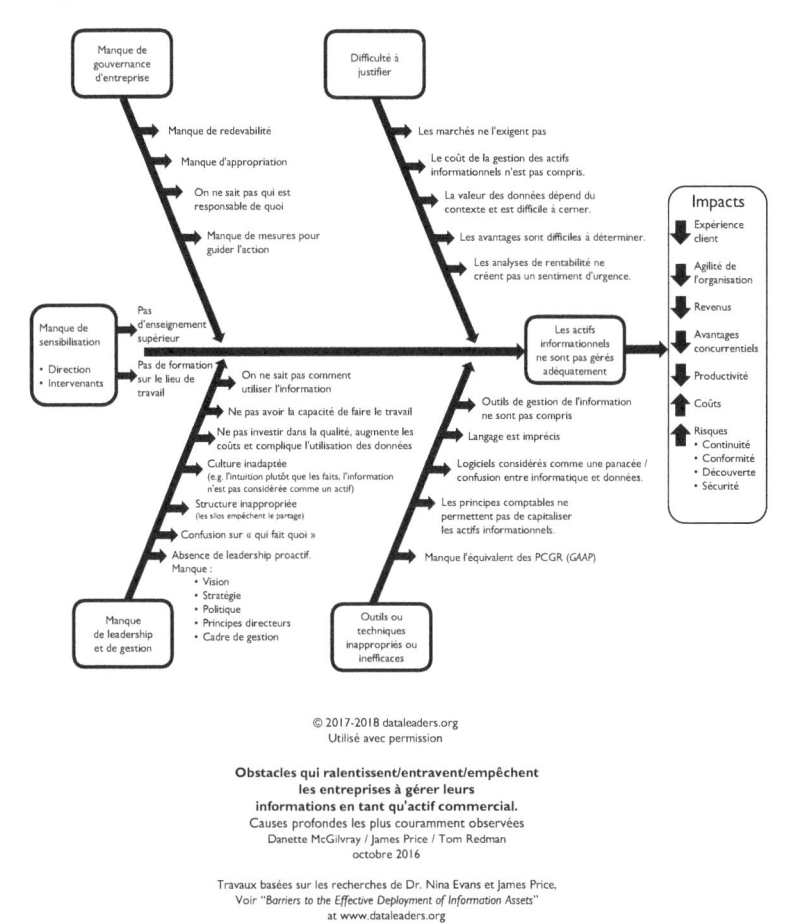

Figure 29: Obstacle à la gestion des données comme actifs informationnels (DMBOK2, p. 467)[62]

---

[62] Diagramme conçu par Danette McGilvray, James Price et Tom Redman. Utilisé avec leur permission. https://dataleaders.org/.

Comme pour la compréhension de la cause profonde de tout problème, la reconnaissance de ces obstacles – les causes profondes de la mauvaise qualité des données – donne à une organisation un aperçu de la manière d'améliorer sa qualité. Si une organisation se rend compte qu'elle ne dispose pas d'une gouvernance d'entreprise, d'une appropriation et d'une redevabilité solides, elle peut s'attaquer au problème en établissant une gouvernance d'entreprise, une appropriation et une redevabilité. Si les dirigeants constatent que l'organisation ne sait pas comment utiliser l'information, ils peuvent mettre en place des processus permettant à l'organisation d'apprendre à le faire.

Reconnaître un problème est la première étape pour le résoudre. En fait, la résolution des problèmes demande beaucoup de travail. La plupart des obstacles à la gestion de l'information en tant qu'actif sont d'ordre culturel. Pour les surmonter, il faut un processus formel de gestion du changement organisationnel.

ORGANISATION CHANGEMENT DE CULTURE

La qualité des données ne sera pas améliorée par une collection d'outils et de concepts, mais par un état d'esprit qui aide les employés et les parties prenantes à rendre compte de la qualité des données nécessaires pour servir leur organisation et ses clients. Amener une organisation à se préoccuper de la qualité des données nécessite souvent un changement culturel important. Un tel changement nécessite une vision et un leadership.

La première étape consiste à promouvoir l'importance des données pour l'organisation et à définir les caractéristiques des données de qualité. Tous les employés doivent agir de manière responsable et soulever les problèmes de qualité des données, demander des données de bonne qualité en tant que consommateurs de données, et fournir des informations de qualité aux autres. Chaque personne qui touche les données peut avoir un impact sur la qualité de ces données. La qualité des données n'est pas seulement la responsabilité d'une équipe de qualité des données, d'une équipe de gouvernance des données ou d'un groupe informatique.

Tout comme les employés doivent comprendre le coût de l'acquisition d'un nouveau client ou de la fidélisation d'un client existant, ils doivent également connaître les coûts organisationnels liés à la mauvaise qualité des données, ainsi que les conditions qui font que les données sont de mauvaise qualité. Par exemple, si les données relatives aux clients sont incomplètes, un client peut recevoir le mauvais produit, ce qui entraîne des coûts directs et indirects pour l'organisation. Non seulement le client retournera le produit, mais il pourra aussi appeler et se plaindre, ce qui fera perdre du temps au centre d'appels et risque de nuire à la réputation de l'entreprise. Si les données clients sont incomplètes parce que l'organisation n'a pas établi d'exigences claires, tous ceux qui utilisent ces données ont intérêt à clarifier les exigences et à respecter les normes.

En fin de compte, les employés doivent penser et agir différemment s'ils veulent produire des données de meilleure qualité et gérer les données de manière à en garantir la qualité. Cela nécessite non seulement une formation, mais aussi un renforcement par un leadership engagé.

CE QUE VOUS DEVEZ RETENIR

- Les données de mauvaise qualité sont coûteuses. Les données de haute qualité offrent de nombreux avantages.

- La qualité des données peut être gérée et améliorée, tout comme celle des produits physiques.

- Le coût de l'obtention de données correctes dès la première fois est inférieur au coût de l'obtention de données erronées et de leur correction.

- La gestion de la qualité des données requiert un large éventail de compétences et un engagement organisationnel.

- L'engagement de l'organisation en faveur de la qualité nécessite un leadership engagé.

CHAPITRE 12

Que faire maintenant

Que vous ayez lu ce livre en détail ou survolé les titres, nous espérons qu'à ce stade, vous comprenez mieux l'affirmation énoncée dans l'introduction selon laquelle des données fiables ne sont pas produites par hasard. Nous avons essayé de montrer que des données bien gérées dépendent de la planification, de la gouvernance et de l'engagement en faveur de la qualité et de la sécurité, ainsi que de l'exécution disciplinée des processus de gestion des données en cours.

Ce chapitre aborde les étapes essentielles à l'amélioration de la maturité organisationnelle en matière de gestion des données. Ces étapes comprennent :

- Évaluer l'état actuel;

- Comprendre les possibilités d'amélioration afin d'élaborer une feuille de route pour la gestion des données;

- Lancer un programme de gestion du changement organisationnel pour soutenir l'exécution de la feuille de route.

ÉVALUER L'ÉTAT ACTUEL

La première étape pour résoudre un problème est de le comprendre. Avant de définir une nouvelle organisation ou de tenter d'améliorer une organisation existante, il est important de comprendre l'état actuel des éléments constitutifs, notamment en ce qui concerne la culture, le modèle opérationnel existant et les personnes. Si les spécificités du changement culturel diffèrent d'une organisation à l'autre, l'évaluation de l'état actuel axée sur l'amélioration de la gestion des données devra tenir compte des éléments suivants :

- **Le rôle des données dans l'organisation :** Quels processus clés sont axés sur les données? Comment les besoins en données sont-ils définis et compris? Dans quelle mesure le rôle que jouent les données dans la stratégie de l'organisation est-il reconnu? De quelle manière l'organisation est-elle consciente des coûts liés à la mauvaise qualité des données?

- **Valeurs culturelles concernant les données :** Existe-t-il des obstacles culturels potentiels à la mise en œuvre ou à l'amélioration des structures de gestion et de gouvernance des données? Les propriétaires de processus métier en amont sont-ils conscients des utilisations en aval de leurs données?

- **Pratiques de gestion et de gouvernance des données :** Comment et par qui le travail lié aux données est-il exécuté? Comment et par qui les décisions concernant les données sont-elles prises?

- **Comment le travail est organisé et exécuté :** Quelle est la relation entre l'exécution des projets et des opérations? Quelles sont les structures de comité en place qui peuvent soutenir l'effort de gestion des données? Quel est le modèle opérationnel pour les interactions entre l'informatique et les opérations? Comment les projets sont-ils financés?

- **Les relations hiérarchiques :** L'organisation est-elle centralisée ou décentralisée, hiérarchique ou plate? Dans quelle mesure les équipes collaborent-elles?

- **Niveaux de compétences :** Quel est le niveau de connaissance des données et de la gestion des données des experts du domaine et des autres parties prenantes, du personnel de terrain aux cadres ?

L'évaluation de l'état actuel devrait également inclure le niveau de satisfaction à son égard. Cela donnera un aperçu des besoins et des priorités de l'organisation en matière de gestion des données. Par exemple :

- **La prise de décision :** L'organisation dispose-t-elle des informations dont elle a besoin pour prendre des décisions commerciales judicieuses et opportunes ?

- **Rapports :** L'organisation a-t-elle confiance dans ses rapports de revenus et autres données critiques ?

- **Indicateurs clés de performance (ICP) :** L'organisation assure-t-elle un suivi efficace de ses ICP ?

- **Conformité :** L'organisation est-elle en conformité avec toutes les lois relatives à la gestion des données ?

Le moyen le plus efficace de procéder à une telle évaluation est d'utiliser un modèle de maturité de la gestion des données fiable, qui fournira un aperçu de la façon dont l'organisation se compare à d'autres organisations et des conseils sur ses prochaines étapes.[63]

Comme décrit au chapitre 3, les modèles de maturité définissent cinq ou six niveaux de maturité, chacun avec ses propres caractéristiques, qui vont de l'inexistant ou ad hoc à l'optimisé ou performant.

Ce concept est illustré par le résumé générique suivant des macro-états de maturité de la gestion des données. Une évaluation détaillée

---

[63] L'adoption d'un modèle de maturité approprié est une clé du succès. Voir le DMBOK2 et : Alan McSweeney, *Review of Data Management Maturity Models*, SlideShare.net, publié le 2013-10-23. https://bit.ly/2spTCY9. Jeff Gorball, *Introduction to Data Management Maturity Models*, SlideShare.net, publié le 2016-08-01. McSweeney inclut le DAMA-DMBOK dans ses modèles de maturité, bien que le DMBOK ne soit pas structuré ainsi.

comprendrait des critères pour les grandes catégories telles que les personnes, les processus et la technologie, et pour les sous-catégories telles que la stratégie, la politique, les normes, la définition des rôles, la technologie, l'automatisation, etc. au sein de chaque fonction de gestion des données ou domaine de connaissances.

- **Niveau 0 Aucune capacité :** Pas de pratiques de gestion des données organisées ou de processus d'entreprise formels pour gérer les données. Très peu d'organisations se situent au niveau 0. Ce niveau existe à des fins de définition.

- **Niveau 1 Initial / ad hoc :** Gestion des données à usage général utilisant un ensemble limité d'outils, avec peu ou pas de gouvernance. Le traitement des données dépend fortement de quelques experts. Les rôles et les responsabilités sont définis au sein de silos. Chaque propriétaire de données reçoit, génère et envoie des données de manière autonome. Les contrôles, s'ils existent, sont appliqués de manière inégale. Les solutions pour gérer les données sont limitées. Les problèmes de qualité des données sont omniprésents et ne sont pas traités. Le soutien de l'infrastructure se situe au niveau de l'unité opérationnelle. Les critères d'évaluation peuvent inclure la présence de contrôles de processus, tels que l'enregistrement des problèmes de qualité des données.

- **Niveau 2 Reproductible :** Apparition d'outils cohérents et définition des rôles pour soutenir l'exécution du processus. Au niveau 2, l'organisation commence à utiliser des outils centralisés et à superviser davantage la gestion des données. Les rôles sont définis et les processus ne dépendent pas uniquement d'experts spécifiques. L'organisation est sensibilisée aux problèmes et aux concepts de qualité des données. Les concepts de gestion des données maîtres et de référence commencent à être reconnus. Les critères d'évaluation peuvent inclure une définition formelle des rôles dans des artefacts tels que des descriptions de poste, l'existence d'une documentation des processus et la capacité à exploiter des ensembles d'outils.

- **Niveau 3 Établi :** Capacité émergente de gestion des données. Le niveau 3 voit l'introduction et l'institutionnalisation de processus de gestion des données évolutifs et une vision de la gestion des données comme un catalyseur organisationnel. Les caractéristiques comprennent la réplication des données à travers une organisation avec certains contrôles en place et une augmentation générale de la qualité globale des données, ainsi que la définition et la gestion coordonnées des politiques. Une définition plus formelle des processus conduit à une réduction significative des interventions manuelles. Ceci, ainsi qu'un processus de conception centralisé, signifie que les résultats des processus sont plus prévisibles. Les critères d'évaluation peuvent inclure l'existence de politiques de gestion des données, l'utilisation de processus évolutifs et la cohérence des modèles de données et des contrôles du système.

- **Niveau 4 Géré :** Les connaissances institutionnelles acquises grâce à la croissance des niveaux 1 à 3 permettent à l'organisation de prévoir les résultats lorsqu'elle aborde de nouveaux projets ou tâches et de commencer à gérer les risques liés aux données. La gestion des données comprend des mesures de performance. Les caractéristiques du niveau 4 comprennent des outils normalisés pour la gestion des données, du poste de travail à l'infrastructure, associés à une fonction de planification et de gouvernance centralisée bien formée. Les résultats de ce niveau se traduisent par une augmentation mesurable de la qualité des données et des capacités à l'échelle de l'organisation, telles que des audits de données de bout en bout. Les critères d'évaluation peuvent inclure des mesures liées à la réussite des projets, des mesures opérationnelles pour les systèmes et des mesures de la qualité des données.

- **Niveau 5 Optimisé :** Lorsque les pratiques de gestion des données sont optimisées, elles sont hautement prévisibles, grâce à l'automatisation des processus et à la gestion des changements technologiques. Les organisations à ce niveau de maturité se concentrent sur l'amélioration continue. Au niveau 5, les outils permettent d'avoir une vue des données à travers les processus. La prolifération des données est contrôlée pour éviter les doublons inutiles. Des critères de mesure bien compris sont utilisés pour gérer et mesurer la qualité des données et les processus. Les critères d'évaluation peuvent inclure des artefacts de gestion du changement et des mesures de l'amélioration des processus.

La figure 30 illustre une façon de présenter visuellement les résultats d'une évaluation de la maturité de la gestion de données. Pour chacune des capacités (gouvernance, architecture, etc.), l'anneau extérieur de l'écran indique le niveau de capacité dont l'organisation a déterminé qu'elle avait besoin pour être compétitive. L'anneau intérieur indique le niveau de capacité tel qu'évalué. Les domaines où la distance entre les deux anneaux est la plus grande représentent les plus grands risques pour l'organisation. Un tel rapport peut aider à établir des priorités. Il peut également être utilisé pour mesurer les progrès réalisés au fil du temps.

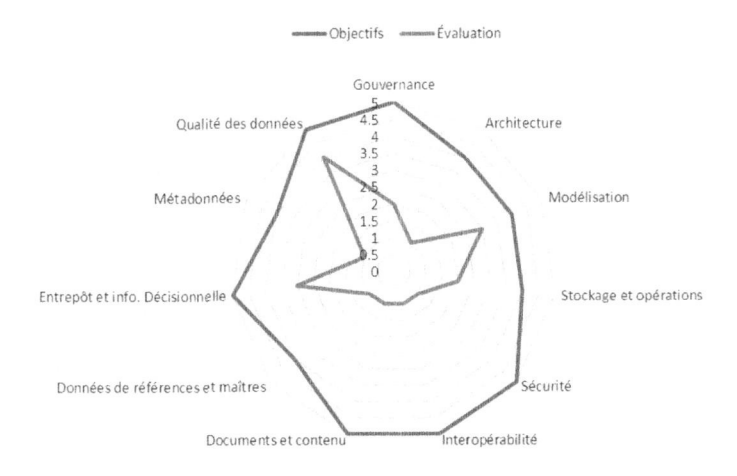

Figure 30: Exemple de graphe illustrant la maturité dans la gestion des données (DMBOK2, p. 537)

L'objectif principal d'une évaluation de l'état actuel est de comprendre le point de départ de l'organisation afin de planifier son amélioration. Une évaluation précise est plus importante qu'un score élevé. Une évaluation formelle de la maturité de la gestion des données place l'organisation sur l'échelle de maturité en clarifiant les forces et faiblesses spécifiques aux activités critiques de gestion des données. Elle aide l'organisation à identifier, hiérarchiser et mettre en œuvre les opportunités d'amélioration.

En atteignant son objectif principal, une évaluation de la maturité de la gestion de données peut avoir un impact positif sur la culture. Elle aide à :

- Sensibiliser les parties prenantes aux concepts, principes et pratiques de gestion des données;
- Clarifier les rôles et les responsabilités des parties prenantes en ce qui concerne les données de l'organisation;
- Mettre en évidence la nécessité de gérer les données comme un actif essentiel;
- Faire mieux connaître les activités de gestion des données dans l'ensemble de l'organisation;
- Contribuer à améliorer la collaboration nécessaire à une gouvernance efficace des données.

Sur la base des résultats de l'évaluation, une organisation peut améliorer son programme de gestion des données afin qu'il soutienne l'orientation opérationnelle et stratégique de l'organisation. Généralement, les programmes de gestion des données se développent dans des silos organisationnels. Ils commencent rarement par une vision d'entreprise des données. Une évaluation de la maturité de la gestion des données peut aider l'organisation à développer une vision cohérente qui soutient la stratégie globale de l'organisation. Cette évaluation permet à l'organisation de clarifier les priorités, de cristalliser les objectifs et de développer un plan intégré d'amélioration.

UTILISER LES RÉSULTATS POUR PLANIFIER L'AMÉLIORATION

Une évaluation de l'état actuel permet de déterminer ce qui fonctionne bien, ce qui ne fonctionne pas bien et les lacunes de l'organisation. Les résultats servent de base à la définition des objectifs du programme, car ils permettent de déterminer par où commencer et à quelle vitesse avancer. Les objectifs doivent se concentrer sur :

- Possibilités d'amélioration à forte valeur ajoutée liées aux processus, aux méthodes, aux ressources et à l'automatisation;
- Capacités qui s'alignent sur la stratégie de l'entreprise;
- Des processus de gouvernance pour l'évaluation périodique des progrès de l'organisation en fonction des caractéristiques du modèle.

Les détails des plans d'action dépendront des résultats de l'évaluation de l'état actuel, mais un exemple permet de voir comment le processus fonctionne.

Le tableau 4 présente un modèle très simplifié qui ne tient compte que de l'adoption d'une méthodologie standard et du degré d'automatisation du processus de gestion de la qualité des données.

Disons qu'une organisation reconnaît la nécessité d'améliorer la qualité de ses données. Cependant, l'évaluation de son état actuel montre qu'elle se situe au niveau 1. Elle n'a pas encore établi de pratiques reproductibles en matière de mesure de la qualité des données, mais quelques personnes ont tâté le terrain et compris certaines choses. Sur la base de sa stratégie globale, elle se fixe pour objectif de passer du niveau 1 au niveau 3 en 18 mois.

Pour atteindre cet objectif, il faut un plan d'action qui tienne compte de plusieurs axes de travail :

- Recherche d'approches pour mesurer la qualité des données et choisir une qui s'aligne sur les points sensibles de l'organisation, les objectifs de mesure et l'industrie;

- Former le personnel à la méthodologie;

- Identifier et adopter des outils pour soutenir l'exécution de la méthodologie.

Niveau de maturité	Caractéristiques des mesures de la qualité des données	Niveau d'automatisation
Niveau 5 Optimisé : L'amélioration des processus est planifiée	Les rapports sur la qualité des données sont largement partagés entre les parties prenantes de la gestion. Les résultats de la mesure de la qualité des données sont utilisés pour identifier les possibilités d'amélioration des systèmes et des processus métier, et l'impact de ces améliorations fait l'objet d'un rapport.	Les rapports, y compris les alertes, sont entièrement automatisés.
Niveau 4 Géré : Les processus sont mesurés et contrôlés	Les propriétaires de systèmes et de processus métier sont tenus de mesurer la qualité de leurs données et de rendre compte des résultats afin que les consommateurs de données aient une connaissance systématique de la qualité des données.	Le processus de mesure est entièrement automatisé.
Niveau 3 Établi : Normes sont définies et utilisées	Des normes sont définies pour la mesure de la qualité des données et sont appliquées dans toutes les équipes.	Une approche commune de l'automatisation a été adoptée.
Niveau 2 Reproductible : Début de processus structurés	Les gens ont appris des approches pour mesurer la qualité des données et ils se dotent d'approches cohérentes pour le faire.	Les processus sont encore largement manuels, mais certaines équipes ont testé l'automatisation.
Niveau 1 Initial ou ad hoc : Le succès est basé sur des compétences individuelles	Des personnes tentent de mesurer la qualité des données, mais cela ne fait pas vraiment partie de leur travail et elles ne disposent pas d'une méthodologie définie.	Aucune. Les mesures sont prises manuellement
Niveau 0 Aucune capacité	La mesure de la qualité des données n'existe pas.	Ne s'applique pas

Tableau 4 : Niveau de maturité pour la qualité des données

En plus d'exécuter des plans pour atteindre ces objectifs, les dirigeants doivent également tenir compte du développement futur (c'est-à-dire qu'en passant au niveau 3, l'organisation doit également se préparer à passer au niveau 4).

Cet exemple simple montre le processus de réflexion autour de la planification de l'amélioration d'une composante de la gestion des données. Comme indiqué au chapitre 3, les évaluations de maturité de la gestion des données peuvent porter sur différents domaines. Si votre organisation évalue de manière exhaustive ses pratiques de gestion des données, le résultat identifiera de nombreuses opportunités d'amélioration. Celles-ci devront être classées par ordre de priorité pour soutenir la stratégie de l'entreprise.

Heureusement, un modèle de maturité de la gestion des données comprendra des conseils, en décrivant ce à quoi ressemble le progrès dans et entre les domaines fonctionnels de la gestion des données. Le processus d'amélioration par étapes peut être adapté aux besoins et aux priorités d'une organisation.

MISER SUR LA GESTION DU CHANGEMENT ORGANISATIONNEL POUR SOUTENIR LA FEUILLE DE ROUTE

La plupart des organisations qui cherchent à améliorer leurs pratiques de gestion ou de gouvernance des données se situent au milieu de l'échelle de maturité des capacités (c'est-à-dire qu'elles ne sont ni à 0 ni à 5 sur l'échelle de maturité). Ce qui signifie que presque toutes ont besoin d'améliorer leurs pratiques.

Pour la plupart des organisations, l'amélioration des pratiques de gestion des données exige de modifier la façon dont les gens travaillent ensemble et comprennent le rôle des données dans leur organisation, ainsi que la façon dont ils utilisent les données et déploient la technologie pour soutenir les processus organisationnels. Des pratiques de gestion des données réussies requièrent, entre autres, les éléments suivants :

- Apprendre à gérer à l'horizontale en alignant les responsabilités tout au long de la chaîne de valeur de l'information ;

- Passer de la redevabilité verticale (en silo) à la gestion partagée de l'information ;

- Faire évoluer la qualité de l'information d'une préoccupation de niche ou du travail du département informatique vers une valeur fondamentale de l'organisation ;

- Faire évoluer la réflexion sur la qualité de l'information du « nettoyage des données et des tableaux de bord » vers une capacité organisationnelle plus fondamentale consistant à intégrer la qualité dans les processus ;

- Mettre en œuvre des processus pour mesurer le coût d'une mauvaise gestion des données et la valeur d'une gestion disciplinée des données.

Ce niveau de changement n'est pas atteint par la technologie (même si une utilisation appropriée des outils logiciels peut le soutenir). Il est plutôt réalisé par une approche prudente et structurée de la gestion du changement dans l'organisation. Le changement sera nécessaire à tous les niveaux. Il est essentiel qu'il soit géré et coordonné afin d'éviter les initiatives sans issue, la perte de confiance et l'atteinte à la crédibilité de la fonction de gestion de l'information et de son leadership.

Le changement culturel nécessite une planification, une formation et un renforcement. La sensibilisation, l'appropriation et la responsabilisation sont essentielles pour activer et engager les personnes dans les initiatives, les politiques et les processus de gestion des données.

Les facteurs critiques de succès pour la gestion du changement organisationnel sont bien connus. Il a été démontré de manière constante que dix facteurs jouent un rôle clé dans le succès des organisations de gestion des données efficaces, quelle que soit leur structure :

1. **Le parrainage de la direction :** Le commanditaire exécutif doit comprendre l'initiative et y croire. Il doit être en mesure d'inciter les autres dirigeants à soutenir les changements.

2. **Une vision claire :** Les responsables organisationnels doivent s'assurer que toutes les parties prenantes concernées par la gestion des données – tant internes qu'externes – comprennent et assimilent ce qu'est la gestion des données, pourquoi elle est importante, et comment leur travail l'affectera et sera affecté par elle.

3. **Gestion proactive du changement :** L'application de la gestion du changement organisationnel pour la mise en place d'une pratique de gestion des données permet de relever les défis liés aux personnes et augmente la probabilité que les pratiques et les structures organisationnelles souhaitées soient pérennes.

4. **Harmonisation de la direction :** L'alignement du leadership permet de s'assurer qu'il y a un accord – et un soutien unifié – sur la nécessité d'un programme de gestion des données et qu'il y a un accord sur la façon dont le succès sera déterminé. L'alignement du leadership comprend à la fois l'alignement entre les objectifs des dirigeants et les résultats et la valeur de la gestion des données, et l'alignement des objectifs des dirigeants.

5. **La communication :** L'organisation doit s'assurer que les parties prenantes comprennent clairement ce qu'est la gestion des données et pourquoi elle est importante pour l'entreprise, ce qui change et quels changements de comportement sont nécessaires.

6. **L'engagement des parties prenantes :** Les individus, ainsi que les groupes, touchés par une initiative de gestion des données réagiront différemment au nouveau programme et à leur rôle au sein de celui-ci. La façon dont l'organisation engage ces parties prenantes – comment elle communique avec elles, leur répond et les implique – aura un impact significatif sur le succès de l'initiative.

7. **Orientation et formation :** L'éducation est essentielle pour faire de la gestion des données une réalité. Différents groupes de personnes (dirigeants, intendants des données, propriétaires des données, équipes techniques) auront besoin de différents types et niveaux de formation pour pouvoir jouer leur rôle efficacement. De nombreuses personnes auront besoin d'une formation sur les politiques, les processus, les techniques, les procédures et même les outils.

8. **Mesure de l'adoption :** Établissez des mesures autour des progrès et de l'adoption des directives et du plan de gestion des données pour savoir si la stratégie de gestion des données fonctionne et qu'elle continuera à fonctionner. L'aspect catalyseur de la gestion des données pourrait se concentrer sur l'amélioration des processus centrés sur les données, tels que la clôture du mois, l'identification des risques et l'efficacité de l'exécution des projets. L'aspect innovation de la gestion des données pourrait se concentrer sur l'amélioration de la prise de décision et de l'analyse grâce à des données améliorées et fiables.

9. **Adhésion aux principes directeurs :** Les principes directeurs, tels que les principes de gestion des données de DAMA, servent de points de référence à partir desquels toutes les décisions seront prises. Leur établissement est une première étape importante dans la création d'un programme de gestion des données qui entraîne efficacement des changements de comportement.

10. **Évolution plutôt que révolution :** Dans tous les aspects de la gestion des données, la philosophie « évolution plutôt que révolution » permet de minimiser les grands changements ou les projets à grande échelle et à haut risque. La mise en place d'une organisation qui évolue et mûrit au fil du temps, en améliorant progressivement la façon dont les données sont gérées et classées par ordre de priorité en fonction des objectifs de l'entreprise, garantira l'adoption de nouvelles politiques et de nouveaux processus et le maintien des changements de comportement.

CE QUE VOUS DEVEZ RETENIR

- Même si la gestion des données est complexe, elle peut être exécutée de manière efficace et efficiente.

- Dans votre rôle de leader, vous pouvez contribuer de manière significative à la capacité de votre organisation à tirer de la valeur de ses données, si vous affichez et partagez votre engagement envers le processus.

- Pour aller de l'avant, il faut d'abord bien connaître l'état actuel : Faites une évaluation qui vous permette de comprendre où vous en êtes et de planifier à partir de ce constat.

- Reconnaissez que les changements dans la façon dont vous gérez les données vont modifier la façon dont les gens travaillent ensemble. Mettez en place une gestion du changement formelle afin de réaliser les changements culturels qui mèneront au succès.

- Suivez les principes et les meilleures pratiques pour permettre à votre organisation de tirer un meilleur parti de ses données.

Remerciements

Ce livre est basé sur la deuxième édition du Data Management Body of Knowledge (DMBOK2) de DAMA. Il n'aurait pu être écrit sans les principaux contributeurs du DMBOK2 et le comité éditorial initial qui a compilé le manuscrit du DMBOK2 et intégré les commentaires de centaines de membres de DAMA.

Les contributeurs et les éditeurs comprennent : Robert Abate, Gene Boomer, Chris Bradley, Micheline Casey, Mark Cowan, Pat Cupoli, Susan Earley, Håkan Edvinsson, Deborah Henderson, Steve Hoberman, Ken Kring, Krish Krishnan, John Ladley, Lisa Nelson, Daragh O Brien, Kelle O'Neal, Katherine O'Keefe, Mehmet Orun, April Reeve, David Schlesinger (CISSP), Sanjay Shirude, Eva Smith, Martin Sykora, Elena Sykora, Rossano Tavares, Andrea Thomsen, et Saad Yacu.

C'est Sue Geuens, présidente de DAMA International, qui a eu l'idée de créer un guide de la gestion des données à l'intention des cadres. Il n'aurait pas vu le jour sans son initiative et ses encouragements. Steve Hoberman, éditeur du DMBOK et rock star de la modélisation des données, a, une fois de plus, fourni des conseils et des orientations inestimables au cours de la rédaction de cet ouvrage.

Je remercie tout particulièrement mon mari, George Sebastian-Coleman, pour son soutien, ses encouragements et ... sa patience.

Laura Sebastian-Coleman, Ph.D., CDM, IQCP
VP Publications et services éditoriaux
DAMA International

Références

Abernethy, Kenneth et J. Thomas Allen. *Exploring the Digital Domain: An Introduction to Computers and Information Fluency.* 2ᵉ éd., 2004. Imprimé.

Ackerman Anderson, Linda et Dean Anderson. *The Change Leader's Roadmap and Beyond Change Management.* 2ᵉ éd. Pfeiffer, 2010. Imprimé.

Adelman, Sid, Larissa Moss, et Majid Abai. *Data Strategy.* Addison-Wesley Professional, 2005. Imprimé.

Afflerbach, Peter. *Essential Readings on Assessment.* International Reading Association, 2010. Imprimé.

Ahlemann, Frederik, Eric Stettiner, Marcus Messerschmidt, et Christine Legner, éditeurs. *Strategic Enterprise Architecture Management: Challenges, Best Practices, and Future Developments.* Springer, 2012. Imprimé.

Aiken, Peter et Juanita Billings. *Monetizing Data Management: Finding the Value in your Organization's Most Important Asset.* Technics Publications, LLC, 2014. Imprimé.

Aiken, Peter et Michael M. Gorman. *The Case for the Chief Data Officer: Recasting the C-Suite to Leverage Your Most Valuable Asset.* Morgan Kaufmann, 2013. Imprimé.

Aiken, Peter et Todd Harbour. *Data Strategy and the Enterprise Executive*. Technics Publishing, LLC, 2017. Imprimé.

Allen, Mark et Dalton Cervo. *Multi-Domain Master Data Management: Advanced MDM and Data Governance in Practice*. Morgan Kaufmann, 2015. Imprimé.

Anderson, Carl. *Creating a Data-Driven Organization*. O'Reilly Media, 2015. Imprimé.

Andress, Jason. *The Basics of Information Security: Understanding the Fundamentals of InfoSec in Theory and Practice*. Syngress, 2011. Imprimé.

Armistead, Leigh. *Information Operations Matters: Best Practices*. Potomac Books Inc., 2010. Imprimé.

Arthur, Lisa. *Big Data Marketing: Engage Your Customers More Effectively and Drive Value*. Wiley, 2013.

Barksdale, Susan et Teri Lund. *10 Steps to Successful Strategic Planning*. ASTD, 2006. Imprimé.

Barlow, Mike. *Real-Time Big Data Analytics: Emerging Architecture*. O'Reilly Media, 2013.

Baskarada, Sasa. *IQM-CMM: Information Quality Management Capability Maturity Model*. Vieweg+Teubner Verlag, 2009. Imprimé.

Batini, Carlo, a et nd Monica Scannapieco. *Data Quality: Concepts, Methodologies and Techniques*. Springer, 2006. Imprimé.

Bean, Randy. *The Chief Data Officer Dilemma*. Forbes, 29 janvier 2018. Consulter sur le site https://bit.ly/2J8ahVZ.

Becker, Ethan F. et Jon Wortmann. *Mastering Communication at Work: How to Lead, Manage, and Influence*. McGraw-Hill, 2009. Imprimé.

Bernard, Scott A. *An Introduction to Enterprise Architecture*. 2e éd., Authorhouse, 2005. Imprimé.

Berson, Alex an et d Larry Dubov. *Master Data Management and Customer Data Integration for a Global Enterprise*. McGraw-Hill, 2007. Imprimé.

Bevan, Richard. *Changemaking: Tactics and resources for managing organizational change*. CreateSpace Independent Publishing Platform, 2011. Imprimé.

Biere, Mike. *The New Era of Enterprise Business Intelligence: Using Analytics to Achieve a Global Competitive Advantage*. IBM Press, 2010. Imprimé.

Blann, Andrew. *Data Handling and Analysis*. Oxford University Press, 2015. Imprimé.

Blokdijk, Gerard. *Stakeholder Analysis - Simple Steps to Win, Insights and Opportunities for Maxing Out Success*. Complete Publishing, 2015. Imprimé.

Boiko, Bob. *Content Management Bible*. 2e éd., Wiley, 2004. Imprimé.

Borek, Alexander et al. *Total Information Risk Management: Maximizing the Value of Data and Information Assets*. Morgan Kaufmann, 2013. Imprimé.

Boutros, Tristan et Tim Purdie. *The Process Improvement Handbook: A Blueprint for Managing Change and Increasing Organizational Performance.* McGraw-Hill Education, 2013. Imprimé.

Brackett, Michael H. *Data Resource Design: Reality Beyond Illusion.* Technics Publications, LLC, 2012.

Brennan, Michael. *Can computers be racist? Big data, inequality, and discrimination.* Ford Foundation Equals Change, 18 novembre 2015. Consulter sur le site https://bit.ly/1Om41ap.

Brestoff, Nelson E. et William H. Inmon. *Preventing Litigation: An Early Warning System to Get Big Value Out of Big Data.* Business Expert Press, 2015. Imprimé.

Bridges, William. *Managing Transitions: Making the Most of Change.* Da Capo Lifelong Books, 2009.

Bryce, Tim. *Benefits of a Data Taxonomy.* Toolbox Tech, 11 juillet 2005. Consulter sur le site http://it.toolbox.com/blogs/irm-blog/the-benefits-of-a-data-taxonomy-4916.

Brzezinski, Robert. *HIPAA Privacy and Security Compliance - Simplified: Practical Guide for Healthcare Providers and Practice Managers.* CreateSpace Independent Publishing Platform, 2014. Imprimé.

Carstensen, Jared, Bernard Golden, et JP Morgenthal. *Cloud Computing - Assessing the Risks.* IT Governance Publishing, 2012. Imprimé.

Cassell, Kay Ann et Uma Hiremath. *Reference and Information Services: An Introduction.* 3d ed., ALA Neal-Schuman, 2012. Imprimé.

Center for Creative Leadership (CCL), Talula Cartwright, et David Baldwin. *Communicating Your Vision*. Pfeiffer, 2007. Imprimé.

Chisholm, Malcolm et Roblyn-Lee, Diane. *Definitions in Data Management: A Guide to Fundamental Semantic Metadata*. Design Media, 2008. Imprimé.

Chisholm, Malcolm. *Managing Reference Data in Enterprise Databases: Binding Corporate Data to the Wider World*. Morgan Kaufmann, 2000. Imprimé.

CMMI Institute. http://cmmiinstitute.com/data-management-maturity.

Cokins, Gary et al. *CIO Best Practices: Enabling Strategic Value with Information Technology*. 2e éd., Wiley, 2010. Imprimé.

Collier, Ken W. *Agile Analytics: A Value-Driven Approach to Business Intelligence and Data Warehousing*. Addison-Wesley Professional, 2011. Imprimé.

Confessore, Nicholas et Danny Hakim. *Data Firm says 'Secret Sauce' Aided Trump; Many Scoff*. New York Times, 6 mars 2017. Consulter sur le site https://nyti.ms/2J2aDx2.

Contreras, Melissa. *People Skills for Business: Winning Social Skills That Put You Ahead of the Competition*. CreateSpace Independent Publishing Platform, 2013. Imprimé.

Council for Big Data, Ethics, and Society. http://bdes.datasociety.net/

Curley, Martin, Jim Kenneally, et Marian Carcary (éditeurs). *IT Capability Maturity Framework IT-CMF*. Van Haren Publishing, 2015. Imprimé.

DAMA International. *The DAMA Data Management Body of Knowledge (DMBOK2)*. 2ᵉ éd., Technics Publications, LLC, 2017. Imprimé.

DAMA International. *The DAMA Dictionary of Data Management*. 2ᵉ éd., Technics Publications, LLC, 2011. Imprimé.

Darrow, Barb. *Is Big Data Killing Democracy?* Fortune Magazine, 15 septembre 2017. Consulter sur le site http://fortune.com/2017/09/15/election-data-democracy/.

Data Leader. https://dataleaders.org.

Davenport, Thomas H. *Big Data at Work: Dispelling the Myths, Uncovering the Opportunities*. Harvard Business Review Press, 2014. Imprimé.

Davis, Kord. *Ethics of Big Data: Balancing Risk and Innovation*. O'Reilly Media, 2012. Imprimé.

Dean, Jared. *Big Data, Data Mining, and Machine Learning: Value Creation for Business Leaders and Practitioners*. Wiley, 2014. Imprimé.

Doan, AnHai, Alon Halevy, et Zachary Ives. *Principles of Data Integration*. Morgan Kaufmann, 2012.

Dwivedi, Himanshu. *Securing Storage: A Practical Guide to SAN and NAS Security*. Addison-Wesley Professional, 2005. Imprimé.

Dyche, Jill et Evan Levy. *Customer Data Integration: Reaching a Single Version of the Truth.* John Wiley & Sons, 2006. Imprimé.

Eckerson, Wayne W. *Performance Dashboards: Measuring, Monitoring, and Managing Your Business.* Wiley, 2005. Imprimé.

Edvinsson, Håkan et Lottie Aderinne. *Enterprise Architecture Made Simple: Using the Ready, Set, Go Approach to Achieving Information Centricity.* Technics Publications, LLC, 2013. Imprimé.

EMC Education Services, ed. *Data Science and Big Data Analytics: Discovering, Analyzing, Visualizing and Presenting Data.* Wiley, 2015. Imprimé.

English, Larry. *Improving Data Warehouse and Business Information Quality: Methods For Reducing Costs And Increasing Profits.* John Wiley & Sons, 1999. Imprimé.

English, Larry. *Information Quality Applied: Best Practices for Improving Business Information, Processes, and Systems.* Wiley Publishing, 2009. Imprimé.

Evans, Nina et Price, James. *Barriers to the Effective Deployment of Information Assets: An Executive Management Perspective.* Interdisciplinary Journal of Information, Knowledge, and Management, Volume 7, 2012. Consulter sur le site https://dataleaders.org/.

Executive Office of the President, National Science and Technology Council Committee on Technology. *Preparing for the Future of Artificial Intelligence.* National Archives, octobre 2016. Consulter sur le site https://bit.ly/2j3XA4k.

Federal Trade Commission, US (FTC). *Federal Trade Commission Report Protecting Consumer Privacy in an Era of Rapid Change*, mars 2012. Consulter sur le site https://bit.ly/2rVgTxQ.

Fisher, Craig, Eitel Lauría, Shobha Chengalur-Smith, and Richard Wang. *Introduction to Information Quality*. M.I.T. Information Quality Program Publications, 2006. Imprimé.

Fisher, Tony. *The Data Asset: How Smart Companies Govern Their Data for Business Success*. Wiley, 2009. Imprimé.

Foreman, John W. *Data Smart: Using Data Science to Transform Information into Insight*. Wiley, 2013.

Freund, Jack et Jack Jones. *Measuring and Managing Information Risk: A FAIR Approach*. Butterworth-Heinemann, 2014. Imprimé.

Fuster, Gloria González. *The Emergence of Personal Data Protection as a Fundamental Right of the EU*, Springer, 2014. Imprimé.

Gartner, Tom McCall, contributeur. *Understanding the Chief Data Officer Role*, 18 février 2015. Consulter sur le site https://gtnr.it/1RIDKa6.

Règlement (UE) 2016/679 du Parlement européen et du Conseil du 27 avril 2016 relatif à la protection des personnes physiques à l'égard du traitement des données à caractère personnel et à la libre circulation de ces données, et abrogeant la directive 95/46/CE (règlement général sur la protection des données) Consulter sur le site http://data.europa.eu/eli/reg/2016/679/oj.

Gemignani, Zach, et al. *Data Fluency: Empowering Your Organization with Effective Data Communication.* Wiley, 2014. Imprimé.

Ghavami, Peter PhD. *Big Data Governance: Modern Data Management Principles for Hadoop, NoSQL & Big Data Analytics.* CreateSpace Independent Publishing Platform, 2015. Imprimé.

Gibbons, Paul. *The Science of Successful Organizational Change: How Leaders Set Strategy, Change Behavior, and Create an Agile Culture.* Pearson FT Press, 2015. Imprimé.

Giordano, Anthony David. *Performing Information Governance: A Step-by-step Guide to Making Information Governance Work.* IBM Press, 2014. Imprimé.

Hagan, Paula J., éd. *EABOK: Guide to the (Evolving) Enterprise Architecture Body of Knowledge.* MITRE Corporation, 2004. Consulter sur le site https://bit.ly/2HisN1m.

Halpin, Terry. *Information Modeling and Relational Databases: From Conceptual Analysis to Logical Design.* Morgan Kaufmann, 2001. Imprimé.

Harkins, Malcolm. *Managing Risk and Information Security: Protect to Enable (Expert's Voice in Information Technology).* Apress, 2012.

Harrison, Michael I. *Diagnosing Organizations: Methods, Models, and Processes.* 3e éd., SAGE Publications, Inc., 2004. Imprimé.

Hasselbalch, Gry et Pernille Tranberg. *Data Ethics: The New Competitive Advantage.* Publishare, 2016.

Hay, David C. *Data Model Patterns: A Metadata Map*. Morgan Kaufmann, 2006. Imprimé.

Hayden, Lance. *IT Security Metrics: A Practical Framework for Measuring Security & Protecting Data*. McGraw-Hill Osborne Media, 2010. Imprimé.

Hiatt, Jeffrey et Timothy Creasey. *Change Management: The People Side of Change*. Prosci Learning Center Publications, 2012. Imprimé.

Hillard, Robert. *Information-Driven Business: How to Manage Data and Information for Maximum Advantage*. Wiley, 2010. Imprimé.

Hoberman, Steve, Donna Burbank, et Chris Bradley. *Data Modeling for the Business: A Handbook for Aligning the Business with IT using High-Level Data Models*. Technics Publications, LLC, 2009. Imprimé.

Holman, Peggy, Tom Devane, et Steven Cady. *The Change Handbook: The Definitive Resource on Today's Best Methods for Engaging Whole Systems*. 2e éd. Berrett-Koehler Publishers, 2007. Imprimé.

Hoogervorst, Jan A. P. *Enterprise Governance and Enterprise Engineering*. Springer, 2009. Imprimé.

Howson, Cindi. *Successful Business Intelligence: Unlock the Value of BI & Big Data*. 2e éd., Mcgraw-Hill Osborne Media, 2013. Imprimé.

Inmon, W. H. *Building the Data Warehouse*. 4e éd., Wiley, 2005. Imprimé.

Inmon, W. H., Claudia Imhoff, et Ryan Sousa. *The Corporate Information Factory*. 2e éd., John Wiley & Sons, 2000. Imprimé.

Inmon, W.H., et Dan Linstedt. *Data Architecture: A Primer for the Data Scientist: Big Data, Data Warehouse and Data Vault*. 1ière éd., Morgan Kaufmann, 2014.

Jensen, David. *Data Snooping, Dredging and Fishing: The Dark Side of Data Mining A SIGKDD99 Panel Report*. ACM SIGKDD, Vol. 1, Issue 2. janvier 2000. Consulter sur le site http://ftp.bstu.by/ai/Data-mining/Stock-market/expl99.pdf.

Johnson, Deborah G. *Computer Ethics*. 4e ed., Pearson, 2009. Imprimé.

Jugulum, Rajesh. *Competing with High Quality Data*. Wiley, 2014. Imprimé.

Kark, Khalid. *Building a Business Case for Information Security*. Computer World, 10 août 2009. Consulter sur le site https://bit.ly/2qFyjk2.

Kaunert, C. et S. Leonard, eds. *European Security, Terrorism and Intelligence: Tackling New Security Challenges in Europe*. Palgrave Macmillan, 2013. Imprimé.

Kennedy, Gwen, and Leighton Peter Prabhu. *Data Privacy: A Practical Guide*. Interstice Consulting LLP, 2014.

Kent, William. *Data and Reality: A Timeless Perspective on Perceiving and Managing Information in Our Imprecise World*. 3e éd., Technics Publications, LLC, 2012. Imprimé.

Kimball, Ralph, et Margy Ross. *The Data Warehouse Toolkit: The Definitive Guide to Dimensional Modeling*. 3e éd., Wiley, 2013. Imprimé.

Kitchin, Rob. *The Data Revolution: Big Data, Open Data, Data Infrastructures and Their Consequences*. SAGE Publications Ltd., 2014. Imprimé.

Kotter, John P. *Leading Change*. Harvard Business Review Press, 2012. Imprimé.

Kring, Kenneth L. *Business Strategy Mapping - The Power of Knowing How it All Fits Together*. Langdon Street Press, 2009. Imprimé.

Krishnan, Krish. *Data Warehousing in the Age of Big Data*. Morgan Kaufmann, 2013. Imprimé.

Ladley, John. *Data Governance: How to Design, Deploy and Sustain an Effective Data Governance Program*. Morgan Kaufmann, 2012. Imprimé.

Ladley, John. *Making Enterprise Information Management (EIM) Work for Business: A Guide to Understanding Information as an Asset*. Morgan Kaufmann, 2010. Imprimé.

Lake, Peter et Robert Drake. *Information Systems Management in the Big Data Era*. Springer, 2015.

Lambe, Patrick. *Organising Knowledge: Taxonomies, Knowledge and Organisational Effectiveness*. Chandos Publishing, 2007. Imprimé.

Laney, Doug. *3D Data Management: Controlling Data Volume, Velocity, and Variety*. The Meta Group, 6 février 2001. Consulter sur le site https://gtnr.it/1bKflKH.

Laney, Douglas, *Infonomics: How to Monetize, Manage, and Measure Information as an Asset for Competitive Advantage*. Gartner, 2018.

Lankhorst, Marc. *Enterprise Architecture at Work: Modeling, Communication and Analysis.* Springer, 2005. Imprimé.

Lee, Yang W., Leo L. Pipino, James D. Funk, et Richard Y. Wang. *Journey to Data Quality.* The MIT Press, 2006. Imprimé.

Lipschultz, Jeremy Harris. *Social Media Communication: Concepts, Practices, Data, Law and Ethics.* Routledge, 2014. Imprimé.

Loh, Steve. *Data-ism: The Revolution Transforming Decision Making, Consumer Behavior, and Almost Everything Else.* HarperBusiness, 2015. Imprimé.

Loshin, David. *Enterprise Knowledge Management: The Data Quality Approach.* Morgan Kaufmann, 2001. Imprimé.

Loshin, David. *Master Data Management.* Morgan Kaufmann, 2009. Imprimé.

Loukides, Mike. *What Is Data Science?* O'Reilly Media, 2012.

Luecke, Richard. *Managing Change and Transition.* Harvard Business Review Press, 2003. Imprimé.

Martin, James et Joe Leben. *Strategic Information Planning Methodologies.* 2ᵉ éd., Prentice Hall, 1989. Imprimé.

Marz, Nathan et James Warren. *Big Data: Principles and best practices of scalable realtime data systems.* Manning Publications, 2015. Imprimé.

Maydanchik, Arkady. *Data Quality Assessment.* Technics Publications, LLC, 2007. Imprimé.

Mayfield, M.I. *On Handling the Data*. CreateSpace Independent Publishing Platform, 2015. Imprimé.

McCandless, David. *Information is Beautiful*. Collins, 2012.

McGilvray, Danette. *Executing Data Quality Projects: Ten Steps to Quality Data and Trusted Information*. Morgan Kaufmann, 2008. Imprimé.

McKnight, William. *Information Management: Strategies for Gaining a Competitive Advantage with Data*. Morgan Kaufmann, 2013. Imprimé.

McSweeney, Alan. *Review of Data Management Maturity Models*. SlideShare, 23 octobre 2013. Consulter sur le site https://bit.ly/2spTCY9.

Moody, Daniel et Walsh, Peter. *Measuring The Value of Information: An Asset Valuation Approach*. European Conference on Information Systems (ECIS), 1999. Consulter sur le site https://bit.ly/29JucLO.

Myers, Dan. *The Value of Using the Dimensions of Data Quality*. Information Management, août 2013. Consulter sur le site https://bit.ly/2tsMYiA.

National Institute for Standards and Technology (US Department of Commerce). *Cybersecurity Framework*. Consulter sur le site https://bit.ly/1eQYolG.

Nichols, Kevin. *Enterprise Content Strategy: A Project Guide*. XML Press, 2015. Imprimé.

O'Keefe, Katherine and Daragh O Brien. *Ethical Data and Information Management*. Kogan Page, 2018.

Olson, Jack E. *Data Quality: The Accuracy Dimension*. Morgan Kaufmann, 2003. Imprimé.

Park, Jung-ran, éditeur. *Metadata Best Practices and Guidelines: Current Implementation and Future Trends*. Routledge, 2014. Imprimé.

Plotkin, David. *Data Stewardship: An Actionable Guide to Effective Data Management and Data Governance*. Morgan Kaufmann, 2013. Imprimé.

Pomerantz, Jeffrey. *Metadata*. The MIT Press, 2015. Imprimé.

PROSCI. *ADKAR: Why it Works*. Consulter sur le site https://bit.ly/2tt1bf9.

Provost, Foster et Tom Fawcett. *Data Science for Business: What you need to know about data mining and data-analytic thinking*. O'Reilly Media, 2013. Imprimé.

Quinn, Michael J. *Ethics for the Information Age*. 6e éd., Pearson, 2014. Imprimé.

Redman, Thomas. *Bad Data Costs U.S. $3 Trillion per Year*. Harvard Business Review, 22 septembre 2016.

Redman, Thomas. *Data Driven: Profiting from Your Most Important Business Asset*. Harvard Business Review Press, 2008. Imprimé.

Redman, Thomas. *Data Quality: The Field Guide*. Digital Press, 2001. Imprimé.

Redman, Thomas. *Getting in Front on Data*. Technics Publishing, LLC, 2017.

Reeve, April. *Managing Data in Motion: Data Integration Best Practice Techniques and Technologies*. Morgan Kaufmann, 2013. Imprimé.

Reeves, Laura L. *A Manager's Guide to Data Warehousing*. Wiley, 2009. Imprimé.

Reid, Roger, Gareth Fraser-King, et W. David Schwaderer. *Data Lifecycles: Managing Data for Strategic Advantage*. Wiley, 2007. Imprimé.

Reinke, Guido. *The Regulatory Compliance Matrix: Regulation of Financial Services, Information and Communication Technology, and Generally Related Matters*. GOLD RUSH Publishing, 2015. Imprimé.

Rhoton, John. *Cloud Computing Explained: Implementation Handbook for Enterprises*. Recursive Press, 2009. Imprimé.

Russell, Matthew A. *Mining the Social Web: Data Mining Facebook, Twitter, LinkedIn, Google+, GitHub, and More*. 2e éd., O'Reilly Media, 2013. Imprimé.

Salminen, Joni et Valtteri Kaartemo, éditeurs. *Big Data: Definitions, Business Logics, and Best Practices to Apply in Your Business*. Amazon Digital Services, Inc., 2014.

Schmarzo, Bill. *Big Data MBA: Driving Business Strategies with Data Science*. Wiley, 2015. Imprimé.

Sebastian-Coleman, Laura. *Measuring Data Quality for Ongoing Improvement: A Data Quality Assessment Framework*. Morgan Kaufmann, 2013. Imprimé.

Seiner, Robert S. *Non-Invasive Data Governance*. Technics Publishing, LLC, 2014. Imprimé.

Sherman, Rick. *Business Intelligence Guidebook: From Data Integration to Analytics*. Morgan Kaufmann, 2014. Imprimé.

Simon, Alan. *Modern Enterprise Business Intelligence and Data Management: A Roadmap for IT Directors, Managers, and Architects*. Morgan Kaufmann, 2014. Imprimé.

Simsion, Graeme. *Data Modeling: Theory and Practice*. Technics Publications, LLC, 2007. Imprimé.

Singer, P.W. and Allan Friedman. *Cybersecurity and Cyberwar: What Everyone Needs to Know®*. Oxford University Press, 2014. Imprimé.

Smallwood, Robert F. *Information Governance: Concepts, Strategies, and Best Practices*. Wiley, 2014. Imprimé.

Soares, Sunil. *Selling Information Governance to the Business: Best Practices by Industry and Job Function*. MC Press, 2011. Imprimé.

Soares, Sunil. *The Chief Data Officer Handbook for Data Governance*. MC Press, 2015. Imprimé.

Spewak, Steven et Steven C. Hill. *Enterprise Architecture Planning: Developing a Blueprint for Data, Applications, and Technology*. 2e éd., Wiley-QED , 1993. Imprimé.

Surdak, Christopher. *Data Crush: How the Information Tidal Wave is Driving New Business Opportunities*. AMACOM , 2014. Imprimé.

Talburt, John et Yinle Zhou. *Entity Information Management Lifecycle for Big Data*. Morgan Kauffman, 2015. Imprimé.

Talburt, John. *Entity Resolution and Information Quality*. Morgan Kaufmann, 2011. Imprimé.

Tarantino, Anthony. *The Governance, Risk, and Compliance Handbook: Technology, Finance, Environmental, and International Guidance and Best Practices*. Wiley, 2008. Imprimé.

The Data Governance Institute (Web site). https://bit.ly/1ef0tnb.

Thomas, Liisa M. *Thomas On Data Breach: A Practical Guide to Handling Data Breach Notifications Worldwide*. LegalWorks, 2015. Imprimé.

Tufte, Edward R. *The Visual Display of Quantitative Information*. 2e éd., Graphics Press, 2001. Imprimé.

US Department of Commerce. *Guidelines on Security and Privacy in Public Cloud Computing*. CreateSpace Independent Publishing Platform, 2014. Imprimé.

US Department of Defense. *Information Operations: Doctrine, Tactics, Techniques, and Procedures*. 2011.

US Department of Health and Human Services. *The Belmont Report*. 1979. Consulter sur le site https://bit.ly/2tNjb3u.

US Department of Homeland Security. *Applying Principles to Information and Communication Technology Research: A Companion to the Department of Homeland Security Menlo Report*. 3 janvier 2012. Consulter sur le site https://bit.ly/2rV2mSR.

van der Lans, Rick. *Data Virtualization for Business Intelligence Systems: Revolutionizing Data Integration for Data Warehouses*. Morgan Kaufmann, 2012. Imprimé.

van Rijmenam, Mark. *Think Bigger: Developing a Successful Big Data Strategy for Your Business*. AMACOM, 2014. Imprimé.

Verhoef, Peter C., Edwin Kooge, and Natasha Walk. *Creating Value with Big Data Analytics: Making Smarter Marketing Decisions*. Routledge, 2016. Imprimé.

Vitt, Elizabeth, Michael Luckevich, et Stacia Misner. *Business Intelligence*. Microsoft Press, 2008. Imprimé.

Waclawski, Janine. *Organization Development: A Data-Driven Approach to Organizational Change*. Pfeiffer, 2001. Imprimé.

Warden, Pete. *Big Data Glossary*. O'Reilly Media, 2011. Imprimé.

Williams, Branden R. et Anton Chuvakin Ph.D. *PCI Compliance: Understand and Implement Effective PCI Data Security Standard Compliance*. 4th ed., Syngress, 2014. Imprimé.

Zeng, Marcia Lei et Jian Qin. *Metadata*. 2e éd., ALA Neal-Schuman, 2015. Imprimé.

Index

Accès légitime, 145
Actif
  données en tant que, 12–13, 21
Actifs finaciers, 22
Actifs physiques, 22
Activités de gestion des données, 14–16
Activités de gouvernance, 15
Activités de sécurité des données
  objectifs, 146
Activités du cycle de vie, 15
Activités fondamentales, 16
Administrateurs de bases de données (DBA), 106-7
Administration des bases de données, 106
Aiken, Peter
  Monetizing Data Management, 140
Alignement sur la stratégie, 75
Analyse prédictive, 134–36
Analytique avancée, 139
Architecture, 82–84
  cadre de, 84
  d'entreprise, 82–84
Architecture conceptuelle des mégadonnées, 126
Architecture de données, 105
  artefacts, 88–94
Architecture de données d'entreprise, 88
Architecture d'entreprise, 152
Architecture des données, 18, 86–88
  et la qualité des données, 93–94
  spécialistes de, 88
Attribut, 100
Avantage concurrentiel
  élément de, 11
Billings, Juanita
  Monetizing Data Management, 140
Cadre d'architecture, 84
Cadre de gestion des données, 17
Cadre Zachman, 84–86
Cardinalité, 100
CDO, 78
Changement organisationnel
  évaluation de l'état actuel, 195–99
  gestion du, 203
  processus de gestion du, 57
Classification des données, 151
Commission fédérale du commerce des États-Unis, 54
Composants de l'entrepôt de données de Kimball, 114
Conception des flux de données, 91–93
Conformité réglementaire
  évaluation de la, 75
  gouvernance des données, 65–66
Connaissance, 11
Consommateur de données, 102
Croissance commerciale, 147
Cycle de vie des données, 28–30, 29, 148
  gestion du, 81
  phases, 33
  principes, 29
Cycle de vie des métadonnées, 163, 167
Cycle de vie du développement des systèmes, 28
Diagramme de flux de données, 92
Dimensions de la qualité des données, 175–78
Directeur des données (CDO), 77–79
Domaine, 102
Domaines de connaissance de la gestion des données, 17–20
Données, 12
  bénéfices de haute qualité, 26
  caractéristiques, 129
  en tant qu'actif, 21, 22, 39, 40
  entrepôt de, 110, 111
  facteurs de risques, 23–24
  impact d'une faible qualité, 25
  intégration et interopérabilité, 107–11
  monétisation, 139–41
  protection des, 143–55
  traitement, 47

traitement peu éthique, 47
valeur des, 13, 39
valeur monétaire, 22, 26
visualisation, 136–39
Données exclusives, 144
Données maîtres
utilisation des, 130
Données personnelles, 52
Échange de données électroniques (EDE), 153
ECT, 123
Enregistrements, 120–22
Entité, 98–99
Entreposage de données et informatique décisionnelle, 19
Entrepôts de données, 110, 111–15, 123, 125
métadonnées, pour les, 168–69
Éthique, 47–48
gestion des données, 48–50
Éthique du traitement des données, 47, 48–50, 58
avantage concurrentiel, 55
culture de, 57–59
Évaluation de la maturité de la gestion des données, 43, 75
Évaluation de la maturité des capacités, 42
Évaluation de l'état actuel, 199
Exigences de sécurité des données, 145
Federal Trade Commission - FTC, 54
FTC, 54
Gestion de la qualité des données, 19
Gestion de la technologie, 14
gestion des données, et la, 40
Gestion des documents, 120
Gestion des documents et du contenu, 18, 120–22
Gestion des données, 173
activités de gouvernance, 15
activités du cycle de vie, 15
activités fondamentales, 16
changement organisationnel et la, 202–5
compétences, 33–34, 41
cycle de vie, 28–30
domaines de connaissance, 17–20
empreinte de, 34
et technologies, 32–33
éthique, 48–50
exigences, 40
gestion du cycle de vie, 41

gouvernance des données, 62
initiatives de, 76
maturité organisationnelle, 193
métadonnées, et les, 163
modèle de maturité, 38
objectifs, 19
perspective de l'entreprise, 34–35
pratiques, 202
principes, 37
qualité des données et la, 181–83
vs gestion des technologies, 13–14
Gestion des données de référence (GDR), 18, 116
Gestion des données maîtres (GDM), 18, 66, 118–20
Gestion des métadonnées, 19
Gestion des registres, 121
Gestion du cycle de vie des données, 81
Gouvernance de données
modèles, 68–72
Gouvernance des données, 17, 56, 61–62, 62–65, 64
cadre opérationnel, 71
composants de l'organisation, 70
conformité réglementaire, 65–66
cycle de vie des données, 65
décisions liées aux données, 74–76
durabilité, 77
engagement de la direction, 79–80
modèle opérationnel, 72
principes directeurs, 67
programme de, 66–68
Gouvernance des métadonnées, 170
Gouvernance politique, 68
Graphique de contrôle
exemple typique, 137
Infonomics (Laney), 140
Informatique décisionnelle (ID), 110, 111, 130–32
Inmon, Bill, 112
Intégration et interopérabilité des données (IID), 18
Intendance des données, 72–74, 181
activités de, 73–74
Intendant, 72–73
Interopérabilité des données, 107
ISO - registre des métadonnées, 164
Kimball, Ralph, 112
Lac de données, 123
Laney, Douglas

Infonomics, 140
Leader's Data Manifesto, the, 179
Loi canadienne sur la protection de la vie privée, 52–54
Loi sur la protection des renseignements personnels et les documents électroniques (LPRPDE), 52, 183
Magasin de données opérationnelles (MDO), 126
Maturité dans la gestion des données, graphe, 198
Mégadonnées, 122–26, 133
    feuille de route, 125
    principes des, 124
    stratégie, 124–26
Métadonnées, 31, 40, 96, 120, 129, 162
    aident à, 159
    architecture, 167–69
    architecture centralisée, 168
    architecture distribuée, 168
    architecture hybride, 168
    avantages de, 158–60
    catégories, 160–62
    cycle de vie des, 163, 167
    définition de, 157
    environnement de gestion, 168, 169
    exigences, 166–67
    gestion des, 157–71
    gouvernance des, 170
    interopérabilité, 164
    métier, 160–61
    opérationnelles, 162
    qualité des, 169–70
    référentiel, 168–69
    risques sur les données, 163–64
    sécurité des données, 150–52
    stratégie, 164–66
    technique, 161
    techniques, 164
Modèle, 94
Modèle de données, 94–103
    éléments constitutifs, 97–102
Modèle de données d'entreprise (MDE), 89–90
Modèle de données relationnelles, 100
Modèle de gestion des risques associés à l'éthique, 59
Modèle de risque, 58
Modèle relationnel avec les attributs, 101
Modélisation des données, 94–103, 105
    domaine, 102
    objectifs, 96–97
Modélisation et conception des données, 18
Monétisation des données, 139–41
Monetizing Data Management (Aiken et Billings), 140
Niveau de maturité pour la qualité des données, 201
Normes de données d'entreprise, 35
Obligations contractuelles, 145
Obstacle à la gestion des données comme actifs informationnels, 189
Organisations de gouvernance des données, 69
Parties prenantes, 144
Politiques publiques et lois, 51–55
Portabilité, 52
Principes de gestion des données, 37, 38, 42–44
    maturité de, 43
Producteur de données, 103
Programme de gouvernance des données, 77
Progression de l'analytique, 136
Protection des données, 143–55
Qualité des données, 75, 102, 159, 173
    cycle d'amélioration, 184–87
    définition, 175
    dimensions, 175–78
    engagement de la direction, 187–90
    équipe, 179, 186
    gestion de la, 178–80
    programme de gouvernance, 181
    réglementation, et la, 183
    responsabilité organisationnelle, 190–91
Qualité des données dans leur cycle de vie, 180
Qualité faible
    impact de, 25
Qualité haute
    bénéfices de, 26
Rapport sur l'énergie domestique, 137
Réduction des risques, 147

Registre des métadonnées (ISO), 164
Règlement général sur la protection des données (RGPD), 51-52, 183
Réglementation
 qualité des données, sur la, 183
Réglementations gouvernementales, 144
Réglementations relatives aux données, 148
Réglementations sur la confidentialité, 24
 principes éthiques et, 51-55
Relation, 98-100
RGPD (règlement général sur la protection des données), 183
Risques des données, 66
Sarbanes-Oxley, 24, 183
Science des données, 122, 132-34, 138
 analyse prédictive, 134
 modèles, 134
SDLC - Cycle de vie du développement des systèmes, 28
Sécurité des données, 18
 architecture, 152-53
 cycle de vie, dans le, 149
 gestion des données d'entreprise, 148-50
 métadonnées, 150-52
 objectifs, 144-46
 planification, 153-55
 principes, 146-48
 risques, 147
SGC (systèmes de gestion de contenu), 122
Shewhart/Deming, cycle de, 184
Solvabilité II (UE), 24, 183
Spécialistes de l'architecture des données, 88
Stockage des données et opérations, 18
Stockage et exploitation des données, 106-7
Systèmes de gestion de contenu (SGC), 122
Traitement des données
 risques associés, 56
 stratégies d'amélioration du, 58
Usine d'information d'entreprise d'Inmon, 113
Valorisation des actifs de données, 27
Visualisation, 136-39
Zachman, John A., 84

Made in the USA
Middletown, DE
22 October 2022